Ascencio M. Mancilla

Fe Como un Grano de Mostaza

Ascencio M. Mancilla

Fe Como un Grano de Mostaza

Fe Como un Grano de Mostaza

CREDO EDICIONES

Imprint
Any brand names and product names mentioned in this book are subject to trademark, brand or patent protection and are trademarks or registered trademarks of their respective holders. The use of brand names, product names, common names, trade names, product descriptions etc. even without a particular marking in this work is in no way to be construed to mean that such names may be regarded as unrestricted in respect of trademark and brand protection legislation and could thus be used by anyone.

Cover image: www.ingimage.com

Publisher:
CREDO EDICIONES
is a trademark of
Dodo Books Indian Ocean Ltd. and OmniScriptum S.R.L publishing group

120 High Road, East Finchley, London, N2 9ED, United Kingdom
Str. Armeneasca 28/1, office 1, Chisinau MD-2012, Republic of Moldova, Europe
Printed at: see last page
ISBN: 978-613-5-61079-6

ASENCIO M. MANCILLA

FE COMO UN GRANO DE MOSTAZA

"...de cierto os digo, que, si tuviereis fe COMO UN GRANO DE MOSTAZA, diréis a este monte: Pásate de aquí allá, y se pasará; y nada os será imposible"
Mateo 17:20

El texto de la Biblia usado en este material viene de la Biblia Reina Valera Revisión de 1960

CONTENIDO

D E D I C A T O R I A

A mi esposa Esther Judith, mi amada compañera por 52 años, colaboradora, y sierva de nuestro Señor Jesucristo, hoy goza de las moradas celestiales y de la presencia del Señor Jesucristo.

Y

Dedico con amor este libro y el resto de mis años a mis queridos hijos Samuel Ascencio, Amalia Esther y Norman Daniel.

A mis nietos: Esther, Samuel David, Elizabeth, Mayte Kristel, Michel Paulina, Daniel y Aarón.

Con mi oración de que este libro les ayude a vivir y caminar por FE en las promesas fieles de Dios, para fortaleza, ánimo, consuelo y bendición, solo de esa manera podremos vivir.

PRÓLOGO

La vida está llena de todo tipo de experiencias. A veces, tenemos gozo que no se puede entender, y mucho menos describir. Otras veces, está marcada por la decepción, hay momentos en que está llena de presiones que resulta casi sofocante. Y enfrentamos una vida que va más allá de lo que somos capaces de sobrellevar con nuestra propia fortaleza. Todo esto exige que aprendamos las lecciones de la fe, que ejercitemos la confianza en Dios.

Dios en Proverbios nos ofrece una promesa sabia para todas las circunstancias de la vida, al decirnos: *"Fíate de Jehová de todo tu corazón, y no te apoyes en tu propia prudencia. Reconócelos en todos tus caminos, y él enderezará tus veredas"* (proverbios 3:5-6)

Es un recordatorio sencillo, aunque profundo, de que no estamos capacitados para enfrentar las luchas que surgen de vivir en un mundo inseguro, de pecado y caído. No obstante, si entendemos esta promesa, es útil poder verlo en la práctica. Es de vital importancia que reconozcamos la necesidad que tenemos de la guía, la dirección, la provisión y el poder de Dios en nuestra vida. Ahora bien, ver el impacto que produjo la presencia de Dios en la experiencia de ciertos hombres en medio de los desafíos de la vida, no solo puede darnos una razón para confiar en Él, sino que esos ejemplos también pueden mostrarnos cómo hacerlo.

Por ese motivo, con la lectura de este libro, te invito a unirte a mi en una travesía de fe con personajes históricos que vivieron en el mundo real y que necesitaron desesperadamente al Dios verdadero. Veamos como caminó José y aprendamos las lecciones de la vida de fe a través de buenas y malas elecciones, triunfos y derrotas, desgracias y bendiciones. Estoy convencido de que, al andar con ellos, podremos entender con más claridad lo que significa caminar con Dios.

PREFACIO

"Todos tenemos una historia para contar. La mía es simple, puedo decir con el Salmista: *"Joven fui, y he envejecido, Y no he visto justo desamparado, ni su descendencia que mendigue pan".* (Salmo 37:25) Dios ha sido fiel en cada etapa. Y ahora me da esta oportunidad de que escriba este libro sobre mí vida, para mostrar a todo el mundo que Dios es fiel.

La gente que me ha pedido que escribiera un libro de mi vida, de mi ministerio pastoral, de mi relación con Dios, de cuando perdí a mi padre y quedamos con mi madre y hermano sumergidos en la pobreza, dije, sí, lo haré. Pero el libro debe glorificar a Dios mostrando su amor en medio de los profundos problemas por los que mi esposa e hijos y yo atravesamos, y cuando los que lean este libro deben recibir el mensaje de que Dios le lleva de su mano a través de todo tipo de situación hasta que cumple su propósito en usted.

Les dije a los que me han animado a escribir, quiero que el libro de mi vida deje el mensaje que solo permaneciendo en Cristo y en su Palabra, y estar firme y enfocado en la visión que él puso en su corazón, es la clave para salir adelante.

Permanece en la palabra, permanece en la visión que Dios le dio, confía en sus promesas... déjelo actuar, aunque no entiendas bien cómo lo hace... y disfrute la vida con Cristo sabiendo que él está en control.

Bienvenidos a un alentador estudio acerca de la fe, *"Sin fe es imposible agradar a Dios".* (Hebreos 11:6) una de las claves para el efectivo funcionamiento de la Iglesia como verdadero cuerpo de Cristo es la fe. Aunque hay muchas otras cosas que debemos tener para edificarnos y vivir la vida cristiana victoriosa.

Pastor Asencio M. Mancilla

INTRODUCCIÓN

El problema más grande hoy en muchos creyentes en Jesucristo, no es la falta de recursos, sino la falta de fe. Al creyente promedio de hoy le falta fe. Muchos depositamos nuestra confianza y esperanza en lo terrenal, en lo físico y en lo mundano y temporal, debemos depositar toda nuestra confianza y fe en Dios, nuestro Padre celestial. Por más grande que sea el problema, la necesidad, nunca debemos perder nuestra fe en Dios. *"La fe, es la certeza de lo que se espera, la convicción de lo que no se ve".* (Hebreos 11:1) la fe es un potencial donde fluye la esperanza y el poder transformador de Dios.

¿Recuerda el hombre que acercó a Jesús pidiendo ayuda para su hijo endemoniado? El hombre exclamó: *"...si puedes hacer algo, ten misericordia de nosotros, y ayúdanos. Jesús le dijo: Si puedes creer, al que cree todo le es posible".* (Marcos 9:22-23) La vida de este hombre, así como la vida de su hijo fue transformada totalmente.

Los creyentes debemos mostrar una actitud activa y firme, en las promesas de Dios motivada por la fe. De esta manera podremos conquistar y señorear no solo nuestro destino, sino también nuestras circunstancias. Mi oración es que a través de este libro la fe en Él único y verdadero Dios, El Dios de la Biblia, el Dios que mueve montañas, que su vida sea cambiada, y que tenga victoria cada día, y que glorifique a nuestro Padre celestial.

El propósito de este libro es dejar un legado, un testimonio a las nuevas generaciones de hombres y mujeres de fe, esperando que este libro les ayude a confiar en las promesas fieles de Dios, para fortaleza, ánimo, consuelo y bendición, solo de esa manera podremos vivir con paz, gozo y con el cuidado de Dios. *"Él es nuestro amparo y fortaleza, nuestro pronto auxilio en las tribulaciones".* (Salmo 46:1) Este libro relata como Dios me ha ayudado, puedo decir como dijo el profeta Samuel: "hasta aquí me ha ayudado Jehová"

Muchas veces me pregunté si debía publicar este libro. Un día durante mi devocional leí el Salmo 26:7 *"Para exclamar con voz de acción de gracias, y para contar todas tus maravillas".* Esté versículo de la Palabra de Dios me dio la confirmación para escribirlo y publicarlo. Por lo que quiero compartir con usted algunas de las obras maravillosas que Dios ha hecho en mi vida como pastor por más de 55 años, padre de dos hijos, una hija, y siete nietos.

Solo a Dios el crédito y la gloria por lo que me ha enseñado y como me ha ayudado para salir adelante al confiar en sus promesas, y actuar con fe en Sus promesas. Son sus maravillas, no las mías. No he querido publicar un libro que en alguna manera destaque mi vida, por eso dudaba en publicar un libro que pareciera promoverme a mí mismo. Dios me convenció por medio de este versículo que en este libro debía declarar Sus obras maravillosas.

COMO VENCER LOS DESAFÍOS DE LA VIDA

LAS LECCIONES DE LA VIDA

No desarrollamos nuestro carácter en épocas de comodidad y de prosperidad, sino en tiempos difíciles, de problemas. Las mayores lecciones de la vida suelen ser el producto de nuestros más profundos dolores. Esa ha sido mi experiencia.

El recuerdo más remoto y no muy grato de mi tierna edad es el de ver un ataúd, me dijeron que contenía el cuerpo muerto de mi padre y que lo iban a enterrar, de mi madre no recuerdo haber recibido ningún tierno cariño materno. No mostraba amor ni cariño al indefenso niño. Crecí en un violento y tormentoso hogar, y mi niñez estuvo llena de miedo, vergüenza y culpa. Los años pasaron, sin que yo supiera exactamente la noción del extenso y monótono paso del tiempo.

Mi madre se casa de nuevo y castigos severos con mi nuevo padre adoptivo

Les confieso que las siguientes experiencias no fueron fáciles de plasmar en estas líneas, cuando me dispuse a escribir esta parte de mi vida, primero hice una lista de los muchos y severos castigos que recuerdo haber recibido. Durante el proceso de escribir estas páginas que tiene en sus manos, fue una clara señal que a mi mente y corazón le dolían volver a recordar aquellos dolorosos castigos y maltrato, que, con la ayuda de Dios, ahora son sólo cicatrices que me recuerdan un pasado que está sanado por la gracia de Dios.

Mi primer niño murió y después murió mi niña al poco tiempo de casado, fueron experiencias muy dolorosas y tristes para mí y para mi esposa, un pastor amigo mío vino a vernos, mi amigo puso su brazo en mi hombro y me dijo: "Sé que esto les duele mucho... y así debe ser. Pero un día darán gracias por las lecciones que aprendieron esta semana". Cuando mi esposa murió experimente otro dolor muy profundo por mucho tiempo. En mi experiencia pastoral he sufrido críticas, rechazo, calumnias, traiciones, he sido mal correspondido. *"Hubiera yo desmayado, si no creyese que vería la bondad de Dios. Espera en Jehová; Esfuérzate, y aliéntese tu corazón; Sí, espera en Jehová".* (salmo 27:13-14)

Lo que aprenderá en su dolor le capacitará para ministrar, consolar y ayudar con mucha mayor eficacia en el dolor de los demás.

El libro de Santiago uno de los más prácticos dice: *"Hermanos míos, tened por sumo gozo cuando os halléis en diversas pruebas, sabiendo que la prueba de vuestra fe produce paciencia. Mas tenga la paciencia su obra completa, para que seáis perfectos y cabales, sin que os falte cosa alguna".* (Santiago 1:2-4)

Lo que quiere decir Santiago es: ¡Dios no desperdicia nada! Todo lo que pasa en nuestra vida tiene una razón, y gran parte de ello es ayudarnos a crecer en nuestra fe. Alguien dijo: *"que hay que vivir la vida caminando hacia adelante, pero que solo podemos entenderla mirando hacia atrás".* Esto exige que confiemos en los propósitos amorosos de un Dios soberano. Debemos confiar en que Él tiene el control; en especial, cuando la vida parece estar descontrolada.

A esto se refiere san Pablo cuando dice: *"porque por fe andamos, no por vista".* (2da. Corintios 5:7) lo cual va contra todo elemento de autoprotección inherente en nosotros. Queremos hacernos cargo, manipular, controlar. Pero Dios quiere que confiemos en el amor de un Padre que no comete errores. Dios desea que nos apoyemos en Él, que nos hace *"más que vencedores por medio de aquel que nos amó".* (Romanos 8:37)

Viene a mi memoria la vida de José, el personaje del Antiguo Testamento, estuvo llena de experiencias oscuras y muy difíciles, y sin embargo, el resultado final fue sorprendente. José nos puede ayudar mucho sobre cómo lidiar con las situaciones enredadas de nuestra vida. Fue un hombre piadoso en una cultura pecadora y sin valores – fue un verdadero triunfador—y su ejemplo puede ayudarnos mientras enfrentamos los problemas de la vida.

Cómo vencer la traición

Cuando Escuchamos la palabra *traición*, pensamos en traidores a la patria, Cuando oímos la palabra *traición*, nuestra mente viaja al huerto de Getsemaní, era una noche oscura, la voz de un amigo y un beso vendió al Hijo de Dios por 30 piezas de plata.

Cuando estudiamos la vida de José, lo encontramos en el umbral de la *traición*, una *traición* que surge de su propia familia. Fue una lección que el joven José debe recibir para aprender a triunfar.

El terreno de la tensión

En las familias debe de haber calidez, amor, aceptación y seguridad. Pero muchas veces, no están a la altura de lo que prometieron construir. Se convierte en caldo de cultivo para la ira, el resentimiento y la amargura. Ese fue el caso de la familia de Jacob. Como lo relata Génesis 37.

Cuando se enciende la mecha de la ira familiar

El patriarca Jacob, hijo de Isaac y nieto de Abraham, aprendió por las malas que en realidad se cosecha lo que se siembra. Ignoro la enseñanza bíblica para el matrimonio, que aparece en Génesis 2, y tomo varias esposas. Tuvo hijos con dos espesas (y con sus esclavas domésticas) y terminó con una familia mixta de 12 hijos, todos rivales que trataban de ocupar un lugar especial ante su padre.

El problema se intensificó por la preferencia de Jacob por Raquel, su segunda esposa, y por sus dos hijos, José y Benjamín. Eso creó una grave fricción en la familia. Al ser elevados a una condición especial dentro de la casa. Estos dos muchachos fueron desechados por sus propios familiares.

El carácter de Jacob, se reprodujo en sus hijos, el nombre Jacob significa "tramposo, engañador", los hijos de Jacob aprendieron a los pies del maestro. La familia estaba llena de pleitos, engaño e intereses personales. Génesis 37 describe tres situaciones.

- Jacob usó a José para espiar a los hermanos mayores, los cuales odiaban a José por ser el preferido de Jacob. *"José, siendo de diecisiete años, apacentaba las ovejas con sus hermanos; y José estaba con los hijos de Bilha y con los hijos de Zilpa, mujeres de su padre; e informaba José a su padre de la mala fama de ello".* (Génesis 37:23

- Jacob demostró favoritismo al regalarle una túnica especial. *"Amaba Israel a José más que a todos sus hijos, porque lo había tenido en su vejez; y le hizo una túnica de diversos colores"* (Genesis 37:3)

- Jacob alimentó la ira de la rivalidad entre los hermanos, pero esa ira estaba dirigida a José, no a su padre ni a sus acciones necias. *"Viendo sus hermanos que su padre lo amaba más que a todos sus hermanos, le aborrecían y no podían hablarle pacíficamente".* (Genesis 37:3)

Al mostrar preferencia por José, Jacob cometió dos errores graves. Primero, envió señales equivocadas a José sobre su posición en la familia con respecto a sus hermanos mayores. Segundo, como consecuencia de lo anterior, hizo que los hijos que una vez habían sido objeto de su atención, pero que ahora había olvidado, experimentaran el dolor del rechazo. La falta de sabiduría y la desobediencia de Jacob había formado una familia llena de resentimiento y de odio.

La presencia de Dios

José halló consuelo en la presencia de Dios, *"Jehová estaba con José, y le extendió su misericordia"*. (Genesis 39:21) pudo haber dicho y pensado: "¿para qué ser bueno y hacer lo correcto si voy a terminar así"? Pero José no hizo eso. José descansó en la presencia de Dios y el Señor lo bendijo, incluso en la prisión. José estaba siendo moldeado por la adversidad, castigado por los hombres y honrado por Dios. La sólida fe en el control de Dios lo ayudaron a vencer.

Habría sido comprensible que José se hubiera sumido en la autocompasión. Odiado por sus hermanos, vendido como esclavo, calumniado, encarcelado por una calumnia y lo trataban mal. El salmista dice de Él: *"Afligieron sus pies con grillos; en cárcel fue puesta su persona"*. (salmo 105:18) Todo por honrar a su amo y mantenerse puro sexualmente.

Pero Él Señor seguía con José, incluso en la prisión. Dios le concedió gracia ante el jefe de la cárcel. *"Pero Jehová estaba con José y le extendió su misericordia, y le dio gracia en los ojos del jefe de la cárcel"*. (Génesis 39:21) el jefe de la cárcel confió todo a José. ¿por qué? *"Porque Jehová estaba con José, y lo que él hacía Jehová lo prosperaba"* (Génesis 39:23)

Uno de los grandes deleites – y desafíos- de la vida es buscar con una fe expectante en Dios en todas las circunstancias de la vida.

A medida que enfrente las angustias y los malos tratos de la vida, sólo podrá vencer mediante una confianza plena en la bondad y el plan de Dios. Si busca a Dios en todas las circunstancias de la vida. las cosas que podrían destruirte llegarán a convertirse en elementos beneficiosos en su caminar de fe. *"Esta es la victoria que ha vencido al mundo, nuestra fe"* (1ra. de Juan 5:4)

Si no has confesado su pecado ni ha confiado en Jesucristo como Señor y Salvador, la vida puede ser un mar de confusiones. Pero Jesucristo que murió por sus pecados en la cruz del calvario, puede darle la reconciliación con Dios, el perdón de sus pecados y un propósito para su vida cansada. Cristo vino al mundo porque le ama; y ese amor puede acabar con el vacío, y la amargura de su vida.

Acepte por fe el regalo de la vida eterna y el perdón de pecados, *"la dádiva de Dios es vida eterna en Cristo Jesús Señor nuestros* (Romanos 6:23).

Muchos problemas son complejos

No podemos resolver las complejidades de la vida con soluciones simples. Los seres humanos somos complejos, y nuestras circunstancias también son complicadas, pero los cristianos tenemos a Dios, sus promesas, el poder de la oración y el poder de la fe.

DIOS NUNCA TE ABANDONARÁ

"Aunque mi padre y mi madre me abandonen, tú, Señor, te harás cargo de mí."
(Salmos 27:10)

El dolor del abandono es cruel. Duele en el alma. Hay muchas personas que nunca han superado el trauma de haber sido rechazadas desde el vientre. Hay quienes nunca se sienten amados por sus padres. Otros sufren porque fueron traicionados y abandonados por el cónyuge. Hay padres que son abandonados por sus hijos y arrojados en un asilo. Hay amigos que se alejan cuando la crisis está tocando a su puerta. No es fácil estar abandonado.

El apóstol Pablo fue abandonado en un calabozo romano, y en su primera defensa, no había nadie a su favor. Jesús fue abandonado en el huerto de Getsemaní, y todos sus discípulos huyeron. Su familia le puede abandonar. Sus amigos pueden darte la espalda, pero Dios nunca le abandonará. Incluso si su padre y su madre le abandonan, Dios le recibe en sus brazos eternos. Es posible que una madre olvide a sus hijos, pero Dios nunca se olvidará. Cuando se sienta solo, sola, no dude que Dios está a su lado. Cuando pase por el valle de la sombra de muerte, debe saber con fe, que el pastor divino desciende a ese valle con usted, para que sea su refugio. Por más amarga que sean las circunstancias, por más abrumadores que sean sus sentimientos y por más crueles que sean las personas que le rodean, tiene que estar confiado que Jesús está con usted, para ayudarle, fortalecerle y animarle.

Aprendamos a Confiar en Dios cuando sufrimos

Hace varios años un submarino se hundió con toda su tripulación a la altura de la costa atlántica de América del Norte. Cuando por fin la nave fue encontrada, se enviaron buzos para evaluar los daños y la posibilidad de rescatar los restos del naufragio.

Cuando los buceadores se acercaron al casco de la nave, fueron sorprendidos por un golpeteo en código Morse. Era evidente que alguien estaba vivo en el interior del submarino. El mensaje era una pregunta desesperada contra las paredes de la tumba acuática: "¿Hay esperanza? ¿Hay esperanza?"

Usted y yo nos hacemos la misma pregunta cuando enfrentamos un problema, o una crisis, o cuando una tragedia nos toca de cerca. Después de todo, ¿quién está totalmente libre del inmenso dolor de perder a un ser querido, o de la frustración del desempleo, o de la angustia de un hogar destrozado o de otros cientos de dificultades? Nos sentimos atrapados y sumergidos por el peso de las circunstancias y preguntamos: "¿Hay esperanza? ¿Hay realmente esperanza para solucionar este problema?" A menudo en tales ocasiones recordamos las palabras de San Pablo inspirados por el Espíritu Santo: *"Y sabemos que a los que aman a Dios, todas las cosas les ayudan a bien, esto es, a los que conforme a su propósito son llamados."* (Romanos 8:28) *Debemos* notar que Pablo no dijo: "Comprendemos cómo todas las cosas ayudan a bien," sino que dijo: *"sabemos que ayudan a bien"*. Esta promesa es un ancla de fe segura cuando las tormentas de la vida golpean sin piedad contra nosotros.

El apóstol Pablo había reclamado esta promesa muchas veces, aun antes de haber escrito su famosa carta a los Romanos. El sabía lo que era sufrir penurias, persecución, indiferencia, traición, soledad, enfermedades, pedradas, azotes, naufragios, desnudez, hambre, sed, falta de sueño, y tremendas presiones.

¿Qué evitaba que Pablo se hundiera? Creo que su total confianza (FE) en el Dios que promete sostenernos pase lo que pasare. Al final de su vida pudo decir: *"Sé en quién he creído, y estoy seguro de que puede guardar lo que le he encomendado hasta el día de su retorno"* (2 Timoteo 1:12). ¿Qué le había encomendado Pablo a Dios? Su propia vida.

En el Antiguo Testamento leemos: "*Tú guardarás en completa paz a aquel cuyo pensamiento en ti persevera; porque en ti ha confiado*" (Isaías 26:3). Esta promesa también está destinada a nosotros hoy, como repetidamente se revela en el Nuevo Testamento.

¿Está usted enfrentando una dificultad? Una vez más deje su vida en manos del Señor. Luego crea de corazón las palabras de Filipenses 4:6-7, *"No se afanen por nada; más bien oren por todo. Presenten ante Dios sus necesidades y después no dejen de darle gracias por sus respuestas. Haciendo esto sabrán ustedes lo que es la paz de Dios, la cual es tan extraordinariamente maravillosa que la mente humana no podrá jamás entender. Su paz mantendrá sus pensamientos y su corazón en la quietud y el reposo de la fe en Jesucristo"*. Cuando las tormentas de la vida parecen abrumadoras, Dios desea que experimentemos su perfecta paz. Pero usted y yo necesitamos tener fe.

Ore al Señor esta oración ahora mismo, y empezará a experimentar en su vida la realidad de las promesas de Dios en los momentos de dificultad.

Oh, Padre, te alabamos porque comprendes todas nuestras penas y nuestras lágrimas. Reconocemos nuestra insuficiencia para solucionar por nosotros mismos los problemas de la vida. Que Tu gracia abunde para suplir nuestras más profundas necesidades. Consuélanos mientras esperamos en Ti. Llena nuestros corazones con Tu paz, que sobrepasa todo entendimiento. Gracias por Tu rica provisión para con nosotros en este día. En el nombre de Jesús. Amén."

APRENDA A DESCANSAR EN DIOS

"... como un niño recién amamantado que está en brazos de su madre. ¡Soy como un niño recién amamantado! Espera en Jehová desde ahora y para siempre"
(Salmos 131:2-3)

Cuando un niño tiene hambre no puede dormir ni aquietarse en los brazos de su madre. Sólo después de darle de mamar se calma. Al ver esta escena el salmista encontró que era un buen ejemplo para sosegar su alma. Aun después de haber sido alimentado por Dios, y haber disfrutado suficientemente de las ricas delicias del banquete divino, continuaba inquieto. Por lo que se calmó y aquietó su alma. Su alma necesitaba inspiración y exhortación. Disfrutó bendición por su completa entrega y un descanso restaurador.

Al ver el ejemplo del niño, que después de ser amamantado, se entrega a la quietud en los brazos de su madre, David se sintió animado a hacer lo mismo con su alma. Tal vez, usted también, incluso como cristiano, vive en constante ansiedad. El ruido de las circunstancias grita en sus oídos. El ruido de los sentimientos turbulentos aterroriza a su alma.

Tal vez usted está caminando cansado y abrumado. Como una oveja sin pastor, está agotado. Sus emociones se agitan. Su cuerpo está debilitado. Su alma está inquieta. Es tiempo de reaccionar. Es hora de poner fin a esta miseria. Vuelva sus ojos a Dios. Él tiene cuidado de nosotros. Si tiene fe. Refúgiate en sus brazos y deposite a sus pies todas sus ansiedades. ¡Él es capaz de cuidar de ti!

LA FE ES LA VICTORIA

Pedro al caminar sobre el mar de Galilea, había gran seguridad siempre y cuando sus ojos estuvieran enfocados en su Señor. Primera de Juan 5:4-5 dice: *"porque todo lo que es nacido de Dios vence al mundo; y esta es la victoria que ha vencido al mundo, nuestra fe"* no podemos solos, necesitamos a Jesucristo. "sin mi nada podéis hacer" (Juan 15:5)

CUANO LA TIERRA SE MUEVE

Me ha tocado vivir varios terremotos y temblores. ¿Dónde se esconde cuando la tierra tiembla? ¿dónde se refugia cuando la tierra pierde su firmeza? Fue una de las experiencias más perturbadoras de mi vida.

Los terremotos llegan de repente, sin aviso, y representan la clase de inestabilidad que puede sacudir nuestras vidas. Además, nos obliga a admitir que somos frágiles e incapaces.

Al haber experimentado dos terremotos y el impacto emocional que produjo en mi vida, me viene a la mente un hombre de la Biblia cuya vida recibió un profundo impacto gracias a una serie de momentos y circunstancias inesperadas que lo conmovieron Se llamaba Simón, hijo de Jonás; y más adelante, recibió el nombre de Pedro.

Su historia gira alrededor de algunas situaciones que, como terremotos, le quitaron de una sacudida la confianza en sí mismo y su profunda convicción, y lo sumergieron en episodios emocionales de temor e indecisión. Podemos comparar su vida con un sismógrafo que muestra épocas de estabilidad relativa, salpicadas de temblores ocasionales que ayudaron a definir su existencia y a llevarlo a una mayor conciencia de su necesidad espiritual. Cuando Pedro conoció al esperado Mesías, su vida comenzó cambió en forma dramática.

Uno de los seguidores de Juan el Bautista, un pescador de galilea que se llamaba Andrés, comenzó a seguir a Jesús y llevó a su hermano Simón a conocer a Jesús porque estaba convencido que era el Mesías. *"Andrés hermano de Simón Pedro, era uno de los dos que habían oído a Juan, y habían seguido a Jesús. Este halló primero a su hermano Simón, y le dijo: Hemos hallado al Mesías (que traducido es, el Cristo). Y le trajo a Jesús. Y mirándole Jesús, dijo: Tu eres Simón, hijo de Jonás; tú serás llamado Cefas (que quiere decir, Pedro.* (Juan 1:40-42)

Cefas (piedra) es la forma del nombre griego Petros que significa "roca", Jesús no le puso un apodo a Simón, sino que le cambió el nombre, anticipando lo que haría con él.

Una piedra o una roca, representan estabilidad. Sin embargo, el nombre que Jesús le puso a Simón parece discrepar no solo con su personalidad, sino también con algunos de los acontecimientos de la vida de Pedro en los tres años que siguieron. Era demasiado brusco, demasiado franco y demasiado incompetente. Sin embargo, Jesús lo llamó, a pesar de su falta de refinamiento, preparación y educación, se convertiría en el vocero de un grupo que trasformaría el mundo.

Creo que Pedro es el discípulo con quien más nos identificamos. Las Sagradas Escrituras muestras su vida como un libro abierto, y nos muestra sus puntos fuertes y sus logros, y también los fracasos inesperados que lo zarandearon hasta la médula. Veamos cuatro de esos momentos en la vida de Pedro.

PRIMER MOMENTO: ZARANDEADO POR EL PODER DE CRISTO

Lucas cinco, nos muestra cómo el encuentro con Jesús impacto a Pedro de tal manera que hubo un cambio en su forma de pensar.

Un llamado a la participación de Pedro

"Aconteció que estando Jesús junto al lago de Genasaret, el gentío se agolpaba sobre Él para oír las Palabra de Dios. Y vio dos barcas que estaban cerca de la orilla del lago; y los pescadores, habiendo descendido de ellas, lavaban sus redes. Y entrando en una de aquellas barcas, la cual era de Simón, le rogó que la apartase de tierra un poco; y sentándose, enseñaba desde la barca a la multitud". (Lucas 5:1-5)

La escena se sitúa en el "lago de Genararet" (en el mar de Galilea). Las multitudes se reunían a escuchar las enseñanzas de Jesús, y también había un grupo pequeño de pescadores que limpiaban sus redes después de una larga noche de pesca.

En esta ocasión, los barcos y las redes habían permanecido vacíos toda la noche. En ese barco, Jesús se concentró en una de las barcas y en su dueño: Simón. Jesús se sentó a enseñar y usó la barca de Simón como púlpito: lo que sucedió sacudió de tal manera a este hombre que, Lucas escribió. *"Viendo esto Simón Pedro, cayó de rodillas ante Jesús, diciendo: Apártate de mí, Señor, porque soy hombre pecador.* (Lucas 5:8) ¿Qué llevó a Pedro a este punto?

Un indicio de la identidad de Jesús

"Cuando terminó de hablar, dijo a Simón: Boga mar adentro, y echad vuestras redes para pescar. Respondiendo Simón, le dijo: Maestro, toda la noche hemos estado trabajando, y nada hemos pescado; más en tu palabra echaré la red. Y habiéndolo hecho, encerraron gran cantidad de peces, y su red se rompía. Entonces hicieron señas a los compañeros que estaban en la otra barca, para que vinieran a ayudarles; y

vinieron, y llenaron ambas barcas, de tal manera que se hundían". (Lucas 5:4-7) El Señor se había apropiado de su barco, ahora quería las redes de Simón y su voluntad.

Cuenta la historia que el Duque de Wllington, el gran capitán británico que venció a las fuerzas de Napoleón en la Batalla de Waterloo durante la Guerra de los Cien Días en 1815, le dio una orden a uno de sus generales, el cual respondió que era imposible ejecutarla. El Duque le dijo: "Haz lo que te dijo, porque yo no doy órdenes imposibles. Jesús tampoco da órdenes imposibles: una verdad que Pedro descubrió cuando por fe obedeció la Palabra de Jesús.

Fue un paso importante para el crecimiento de Pedro. Aunque cuestionó la orden de Cristo, cuando dijo: *"Toda la noche hemos estada trabajando, y nada hemos pescado".* Sin embargo, dijo: *"Mas en tu Palabra echaré la red"* Obedeció a Jesús, aunque toda la experiencia de Pedro decía que era una pérdida de tiempo. ¿Cuál fue el resultado? Aunque parecía completamente imposible, atraparon gran cantidad de peces... en el momento equivocado y de una manera incorrecta. Y Pedro se encontró en la presencia del único que podía hacer lo imposible.

La Sagrada Escritura dice: *"Y Aquel que es poderoso para hacer todas las cosas mucho más abundantemente de lo que pedimos o entendemos".* (Efesios 3:20) Pedro estaba en el barco con Aquel que personificaba este pasaje de las Sagradas Escrituras.

- *"Poderoso para hacer"* "encerraron gran cantidad de peces.
- *Mucha más abundantemente:* "su red se rompía;
- *Más* de lo que pedimos o entendemos: Llenaron ambas barcas, de tal manera que se hundían".

"Al ver esto, Simón Pedro cayó de rodillas delante de Jesús y le dijo: ¡Apártate de mí, Señor, que soy pecador! Es que él y todos sus compañeros estaban asombrados ante la pesca que habían hecho". (Lucas 5:8-9, NVI) Pedro reconoció que estaba en la presencia de Dios, y se asombró porque lo que había ocurrido iba más allá de la razón, la explicación. Solo Dios podría haberlo hecho.

Cuando Pedro se dio cuenta quién era Jesús, su respuesta fue: *¡Apártate de mí, Señor, que soy pecador!* Pedro sentía la tremenda carga de pecado que agobiaba su alma.

Un comentarista bíblico escribió, que fue como si Simón dijera: "No valgo la pena, Señor, una vez dijiste que sería llamado roca... pero no hay ninguna roca en mí. No pierdas más el tiempo conmigo, Son un pecador"

Sin embargo, el amor de Cristo no lo soltaría. Haría lo que fuera para transformar a Simón en una roca.

Una invitación a una vida que valga la pena

"Jesús dijo a Simón: No temas; desde ahora serás pescador de hombres. Y cuando trajeron a tierra las barcas, dejándolo todo, le siguieron". (lucas 5: 10-11)

Una nueva actitud
Primero, Jesús le dijo a Pedro: *"No temas"*

Un nuevo día
"desde ahora. . ." Esto corta con el pasado y lo cambia todo. Un nuevo futuro reemplaza el fracaso del pasado.

Un nuevo propósito
"...serás pescador de hombres". En otras palabras, Pedro se dedicaría a alcanzar personas. Así como Dios había llamado a David, y a Moisés a dejar lo que hacían para pastorear a Su pueblo, ahora llamaba a Simón a dejar sus redes y a pescar personas.

Una nueva vida
"dejándolo todo, le siguieron". Es una expresión de compromiso radical. Para Simón, era todo nuevo. Sin embargo, la transformación completa que Jesús tenía en mente para el no sucedería de la noche a la mañana. El hombre a quién había nombrado *"roca"* se formaría poco a poco.

MOMENTO DOS: EL ZARANDEO DE LA DISTRACCION

Así comenzó el caminar de Pedro. El poder de Cristo lo había sacudido. Pedro sintió sus debilidades, necesidades y su pecado. A medida que aprendiera Pedro a seguir a Cristo, descubriría lo que significaba el zarandeo de las distracciones.

Mateo nos da los detalles en el capítulo 14, Jesús y sus discípulos habían tenido un agotador día de ministerio. Cuando llego la noche, Cristo les dijo que necesitaba estar un rato solo. Los discípulos se fueron al mar de Galilea en el barco. Entonces volvió a suceder algo maravilloso.

Mira a Jesús

"A la cuarta vigilia de la noche, Jesús vino a ellos andando sobre el mar. Y los discípulos, viéndole andar sobre el mar, se turbaron, diciendo: ¡Un fantasma! Y dieron voces de miedo. Pero en seguida Jesús les habló, diciendo: ¡Tened ánimo; yo soy, ¡no temáis!" (Mateo 14:25-27)

Jesús los llamó desde la bruma y les aseguró que no tenían por qué temer. En ese momento Pedro actuó siempre. De manera impulsiva, ¡quiso experimentar por él mismo caminar sobre el agua!

Camina por fe

"Entonces le respondió Pedro, y dijo: Señor, si eres tú, manda que yo vaya a ti sobre las aguas. Y él dijo: Ven. Y descendiendo Pedro de la barca, andaba sobre las aguas para ir as Jesús. (Mateo 14: 28-29)

Aquí vemos a Pedro que actúa con una fe audaz. *"Andaba sobre las aguas para ir a Jesús"* Pedro confía en Cristo y actúa en fe. Confiando en la Palabra de Jesús, Pedro hizo lo que ningún pecador había hecho, salió del barco y caminó sobre el agua.

La distracción de la tormenta

"Pero al ver el fuerte viento, tuvo miedo; y comenzando a hundirse, dio voces, diciendo: ¡Señor, sálvame! Al momento Jesús, extendiendo la mano, asió de él, y le dijo: ¡Hombre de poca fe! ¿Por qué dudaste? (Mateo 14:30-31)

Pedro se distrajo y dejo de mirar a Jesús. Dejo de tener fe en Jesús. Es esencial mantener nuestra mirada fija en Cristo y concentrarnos para seguirlo. No hay nada más importante que conocer y confiar en las promesas de Dios en Su Palabra, y por fe actuar, la oración y aun nuestros temores para permanecer concentrado en Él.

En este mundo tenemos muchísimas distracciones que nos apartan de mirar a Cristo, de tener fe en Cristo, no permitamos que las distracciones nos seduzcan y nos alejen de lo más importante. Algunas distracciones que enfrentamos:

- **El temor**
- **La desesperación:** que empaña nuestra visión e impide que actuemos en fe en las promesas de Dios
- **La desilusión**
- **El estrés:** Es la presión que sentimos cuando vivimos la vida en nuestras fuerzas.

Ante semejantes desafíos, es necesario que vivamos confiando y actuando con fe en las promesas que Dios nos da en Su Palabras; y mirar más allá de las distracciones que nos rodean para poder correr la carrera de la vida...

> *"puestos los ojos en Jesús, el autor y consumador de la fe, el cual por el gozo puesto delante de él sufrió la cruz, menospreciando el oprobio, y se sentó a la diestra del trono de Dios".* (Hebreos 12:2)

La breve caminata de Pedro sobre el agua fracasó por una razón muy humana y comprensible. No pudo concentrarse con fe en el Salvador porque las circunstancias lo distrajeron. Su clamor desesperado el ver que se ahogaba es una advertencia muy útil para nosotros.

MOMENTO TRES: EL ZARANDEO DE LA REPRENSIÓN DE JESÚS

Fui profesor en una Escuela Bíblica, al revisar y calificar los exámenes me permitía ver si todos los estudiantes iban camino a completar el curso con éxito y, si usarían adecuadamente en la vida lo que habían aprendido. Pero no todas las pruebas se toman en las aulas de clases. La vida nos prueba con circunstancias que nos presionan o nos llevan al límite. Cuando esto sucede, ¿pasamos la prueba o caemos en viejos hábitos y derrota? Es cierto para nuestra vida y también lo fue para Pedro.

Mateo 16 relata en forma dramática la derrota abrumadora que experimentó Pedro, En este proceso, el impulsivo discípulo del Señor Jesucristo nos ayuda a ver la rapidez con que puede cambiar nuestro panorama emocional... y nos enseña una vez más por qué es tan importante mantener los ojos fijos en nuestro Señor Jesucristo con fe.

En Mateo 16:13-14 Jesús probó a Sus discípulos con solo dos preguntas. La primera: "¿Quién dicen los hombres que es el Hijo del Hombre?" Fue como una encuesta de opinión de la antigüedad. Según Sus discípulos, la gente decía que Jesús era:

Juan el Bautista. Tal vez las personas reconocieron el tema del arrepentimiento y del reino de Dios, común a Jesús y a Juan el bautista.

Elías. Otros que habían presenciado los milagros de Jesús, recordaron las historia del Antigua Testamente sobre el ministerio poderoso del profeta Elías y supieron que Él era el profeta Elías.

Jeremías Los que pensaban esto quizá hayan visto una similitud entre el ministerio del "profeta de las lamentaciones" y la profunda compasión de Jesús, que derramaba muchas lágrimas al ocuparse de las personas.

Uno de los profetas. Esta gente no quería especificar, pero creía que Jesús demostraba las características de los grandes líderes espirituales de antaño. Los discípulos hicieron un excelente resumen de las opiniones populares sobre la identidad de Jesús. Todas eran favorables, pero ninguna daba en el clavo.

Hoy a más de 2,000 años, nada ha cambiado. Cuando se pregunta: "¿Quién es Jesús?" las respuestas son: "Un gran líder, un buen hombre, un ejemplo moral, un líder religioso". Muchas veces, se pasan totalmente por alto la maravilla y la majestad indescriptible de la verdadera identidad de Jesús.

Por eso es fundamental que comprendamos lo que quiso hacer Jesús con Sus discípulos al pie del monte Hermón. Una vez que expresaron la opinión pública. Jesús hizo la segunda pregunta. *"Y vosotros, ¿quién decís que soy yo"?* (Mateo 16:15) Sin comentarios sobre lo que pensaban los demás de Él, Jesús apunto Su pregunta a los discípulos; Su intención desde el principio.

No se apoyaba en el conocimiento de la opinión pública ni en un muestreo popular. Los discípulos habían creído en Jesús y lo habían seguido, pero necesitaban comprender y confesar quién era Él, antes de que Su vida diera un giro dramático que los sacudiría y los confundiría. Entonces, Jesús les pidió su opinión: *"¿Quién decís que soy yo?"* es como si Jesús hubiera dicho: "No repitan lo que dijeron las multitudes, y sus especulaciones vacías, ¿Qué creen ustedes que soy yo?".

Fue Pedro quién respondió. La respuesta de Pedro fue su confesión de que Jesús era, el Mesías tan esperado. Declaró: *"Tú eres el Cristo, el Hijo de Dios viviente"* (Mateo 16:16) Es la única respuesta completa y perfecta a esa pregunta. Sus palabras fueron claras y directas y constituyen una declaración integral de fe.

- ***El Cristo***, o el Mesías, señala la posición de Jesús;
- ***El Hijo*** muestra su deidad;
- ***del Dios viviente*** la diferencia de los ídolos muertos del paganismo y lo destaca como la fuente de toda vida: presente, espiritual y eterna.

La diferencia entre la confesión de Pedro y la opinión pública no fue solo la abundancia de evidencia, sino también la obra de Dios en el corazón para dar fe a la vida. Observe la respuesta de Jesús. *"Bienaventurado eres, Simón, hijo de Jonás, porque no te lo reveló carne ni sangre, sino mi Padre que está en los cielos."* (Mateo 16:17)

No es suficiente investigar, estudiar o sopesar la evidencia. Las categorías humanas siempre serán insuficientes. Es un asunto de revelación personal que tiene consecuencias eternas.

Ese fue un gran momento para Pedro. Piense en todo lo que logró en poco tiempo; pasó de ser un pescador sin formación dogmática a convertirse en un discípulo que pronunció la declaración teológica más grande de la historia. Su proceso fue lento, pero constante. Su crecimiento se produjo como consecuencia de su relación y convivencia con Cristo; y esa relación resultó en una claridad mental profunda. Todo lo que Jesús había hecho con Pedro hasta entonces fue para llevarlo a este momento de comprensión.

Sin embargo, la vida de Pedro fue como un viaje en la montaña rusa, llena de altibajos. Un fracaso decepcionante vino poco después del momento increíble de revelación divina. Inmediatamente después de la confesión de Pedro, Jesús comenzó a revelar el plan eterno del Padre, pero Pedro no estaba preparado.

El fracaso decepcionante de Pedro.

"Desde entonces comenzó Jesús a declarar a sus discípulos que le era necesario ir a Jerusalén y padecer muchos de los ancianos, de los principales sacerdotes y de los escribas y ser muerto, y resucitar al tercer día" (Mateo 16:21)

La expresión clave de este versículo es: *"le era necesario."* Tiene que ver con el mandato, se refiere a la misión y a la prioridad. No había vuelta atrás, no podía evitarse. A Jesús *"le era necesario ir a Jerusalén"*, el lugar donde lo esperaba el peligro, sufrimiento y la muerte en la cruz. Este enfoque se aplica también al resto del versículo.

- Le era necesario padecer mucho
- Le era necesario morir
- Le era necesario resucitar al tercer día. Observe dos aspectos de la pasión que tenía Jesús.

La realidad humana

Jesús debía sufrir como resultado de todo lo que había dicho y hecho. La gente rechazó su mensaje, los líderes religiosos conspiraron para librarse de Él. Fue la consecuencia del mensaje radical que había presentado a un mundo espiritualmente sordo y ciego.

La realidad divina.

Jesús no solo soporto el rechazo de una manera heroica. Sino que el consejo de Dios estaba en Él y lo llevaba a un sufrimiento al que le seguiría una resurrección dramática y victoriosa de entre los muertos.

Pedro no lo comprendió, su respuesta fue equivocada. *"Entonces Pedro, tomándolo aparte (a Jesús), comenzó a reconvenirle, diciendo: Señor, ten compasión de ti; en ninguna manera esto te acontezca".* (Mateo 16:22

La actitud y la respuesta de Pedro expresó como si comprendiera la voluntad de Dios mejor que Jesús. ¿Por qué? Porque Pedro tenía sus propios planes e ideas para el futuro. Y lo que Jesús dijo sobre el sufrimiento y la muerte le pareció completamente inconcebible e imposible.

Aquí tenemos una lección para todos. Gran parte de nuestra vida y de nuestra forma de pensar está arraigada en nuestros intereses personales, no en los planes de Dios. Cuando no permitimos que Dios sea Dios, y tampoco vemos que nuestros sueños y objetivos se cumplen, tendemos a responder con amargura, resentimiento y enojo.

Un comentarista escribió que la reacción de Pedro comunicó en esencia: "Señor, yo no me inscribí para esto; no debía suceder así. Tenía que haber una coronación, no una crucifixión. Debía ser una corona de oro, no de espinas. Tenía que haber un trono glorioso en lugar de una cruz infame. Este plan está mal. Me parece inaceptable".

La reprensión de Jesús

"Pero Él (Jesús), volviéndose, dijo a Pedro: ¡Quítate de delante de mí, Satanás!; me eres tropiezo, porque no pones la mira en las cosas de Dios, sino en las de los hombres". (Mateo 16:23)

En esta reprensión Jesús llamó a Pedro "Satanás", que significa adversario. ¿por qué? Porque Pedro hizo lo mismo que Satanás hizo en Mateo capitulo cuatro, cuando probó a Cristo en el desierto. Al igual que Satanás, resistía la cruz para la cual Jesús había venido al mundo. Además, el Señor se refirió a Pedro como "tropiezo", Sin pensarlo Simón Pedro se había transformado en un obstáculo en el camino de Cristo. Pedro hablo en contra del plan de Dios: criticó a Cristo y se convirtió en una piedra de tropiezo. La respuesta del Señor deja en claro que las palabras de Pedro venían de un corazón llenos de presuntuosos pensamientos de confianza e intereses personales, y no del Espíritu de Dios. Como resultado, solo ve los intereses momentáneos y egoístas en lugar de los intereses de Dios.

Ninguno de nosotros escogerá un corazón como este en forma deliberada, al igual que Pedro, podemos aprender y experimentar a la fuerza que:

- Una persona concentrada en sí misma no puede centrarse en Dios.
- Una persona que se engaña a sí misma no puede ser sensible a Dios, y
- Una persona con motivaciones egoístas no puede aceptar los propósitos de Dios.

La inclinación innata de la naturaleza humana hizo que Pedro, sin pensar, reprendiera al Hijo de Dios. Por más absurdo que parezca, debemos comprender que su proceder muestra cómo somos si no sometemos nuestro corazón a la voluntad y la Palabra de Dios.

Ponerse del lado de Satanás, como lo hizo Pedro, y ser zarandeado, nos da una razón para considerar las siguientes preguntas:

- ¿Estoy sometiéndome a la voluntad de Dios, sin importar lo que implique?
- ¿Estoy comprometido a ser una piedra angular según la guía del Espíritu de Dios en lugar de permitir que mis inclinaciones naturales sean una piedra de tropiezo?
- ¿Qué motivará y dirigirá mi vida? ¿Mis intereses o los intereses de Dios?

Hay que reconocer que Pedro tomó la corrección aleccionadora y demoledora del Señor Jesucristo con una buena actitud. Entendió el mensaje. De hecho, cuando se acercaron a los acontecimientos de la cruz Pedro deseaba evitar con desesperación, su compromiso de permanecer fiel a Cristo a toda costa se intensificó.

MOMENTO CUATRO: ZARANDEADO POR LA FALTA DE PREPARACIÓN:

Hay distintas formas de prepararse, por ejemplo:

- Puede ser la preparación de una sabia toma de decisiones.
- Puede ser la preparación que se ve en Proverbios 6:6-8, *"Ve a la hormiga, oh perezoso, mira sus caminos, y se sabio; la cual, no teniendo capitán, ni gobernador, ni señor, prepara en el verano su comida, y recoge en el tiempo de la*

siega su mantenimiento." Ilustra que la hormiga se esfuerza para estar lista para el invierno.

- Puede ser la preparación de un atleta que, mediante el sacrificio y la disciplina, se alista mental, física y emocionalmente para una competencia importante.

En todos los casos es importante la preparación. Esto también es importante en la vida de fe. Es imposible lograrla por nuestras propias fuerzas. Cada vez que lo, intentamos fallamos. Solo cuando tenemos una preparación adecuada para enfrentar los desafíos de esta vida, podemos hacerlo con la gracia de nuestro Padre celestial.

La noche anterior a la cruz, Jesús le advirtió dos veces a Pedro sobre el peligro inminente. Sin embargo, Pedro hizo caso omiso. Como resultado, llegaría otro fracaso que lo sacudió profundamente y para siempre. Veamos los sucesos que se registran en Lucas 22.

La advertencia de Jesús.

Después de los acontecimientos en el aposento alto, los discípulos quisieron abrirse paso para obtener un puesto en el reino de Dios. Primero explica que los líderes de Su reino sería siervos. *"Hubo también entre ellos una disputa sobre quién de ellos sería el mayor, Jesús les dijo: Los reyes de las naciones se enseñorean de ellas, y los que sobre ellas tienen autoridad son llamados bienhechores; más no así vosotros, sino sea el mayor entre vosotros como el más joven, y el que dirige, como el que sirve, pero vosotros sois los que habéis permanecido conmigo en mis pruebas."* (Lucas 22:24-30)

"Simón, Simón, he aquí Satanás os ha pedido para zarandearos como a trigo; pero yo he rogado por ti, que tu fe no falte; y tú, una vez vuelto, confirma a tus hermanos." (Lucas 22:31-32)

Venían momentos difíciles; momentos demasiado complicados para Simón. Con esta advertencia, Cristo proporcionó la seguridad y el medio para enfrentar las épocas difíciles:

La **seguridad** era que Jesús mismo protegería a Pedro en la prueba que vendría y que, aunque sus sentimientos y su valentía le fallaran, su fe permanecería.

El **medio** para enfrentar esas pruebas se encontraba en el ejemplo de Cristo. El Señor ya había comenzado a prepararse mediante la oración, y había rogado por la protección de Simón.

Cuando llegaron a Getsemaní, hubo una segunda advertencia, Jesús volvería a orar al Padre para prepararse para los horrores del Calvario, "Y saliendo, se fue, como solía, al monte de los Olivos; y sus discípulos también le siguieron." Sin embargo, primero les dijo a Sus discípulos: "Orad que no entréis en testación." (lucas 22:40) El mensaje está claro: Si el mismo Cristo necesitaba orar para enfrentar las dificultades que venían, ¡cuánto más precisaban hacerlo los discípulos! Era tan importante, que Jesús se lo advirtiera una vez más: *"Les dijo: ¿por qué dormís? Levantaos, y orar para que no entréis en tentación."* (Lucas 22:46) El tiempo en la presencia del Padre nos prepara para los desafíos que probarán nuestra fe en Él; momentos que no podríamos manejar con nuestras propias fuerzas.

Aunque Jesús exhortó a Pedro a orar, este se quedó dormido... en un momento crítico. Como no estaba preparado, otro fracaso personal lo sacudió.

La resistencia valiente y la caída de Pedro.

San Pablo escribió a los hermanos de la iglesia de Corinto: *"Así que, el que piensa estar firme, mere que no caiga".* Esta pudo haber sido la descripción de Pedro, o de cualquiera de nosotros que piensa que puede superar las pruebas o tentación espiritual mediante sus propios pensamientos y voluntad. (1ra. Corintios 10:12)

Vimos que Jesús le advirtió a Pedro de que Satanás estaba a punto de *"zarandearlo como a trigo".* Sin embargo, Simón Pedro respondió en su estilo característico: *"Señor, dispuesto estoy a ir contigo no solo a la cárcel, sino también a la muerte"* (Lucas 22:33)

Después, Él Señor Jesús dijo a Pedro que lo negaría tres veces y que lo abandonaría en el momento más difícil.

Pocas horas después, llegó Judas con un grupo de guardias armados para llevarse arrestado a Jesús. *"Mientras él aún hablaba, se presentó una turba; y el que se llamaba Judas, uno de los doce, iba al frente de ellos; y se acercó hasta Jesús para besarle. Entonces Jesús le dijo: Judas, ¿con un beso entregas al Hijo del Hombre? Viendo los que estaban con él lo que había de acontecer, le dijeron: Señor, ¿heriremos a espada? Y uno de ellos hirió a un siervo del sumo sacerdote, y le cortó la oreja derecha. Entonces respondiendo Jesús, dijo: Basta ya; dejad. Y tocando la oreja derecha."* (Lucas 22:47-50)

Las palabras y acciones tranquilas del Señor Jesús mostraron que Pedro no estaba actuando de acuerdo con el plan de Dios. En esa noche tan difícil, no hacía falta fuerza física, sino un corazón rendido a los propósitos de Dios. Pedro fue superado completamente. Recuerde que Él Señor Jesús le había advertido a Pedro que venía un momento muy difícil; cuando se fueron del aposento alto y otra vez en Getsemaní, Pedro sacó la espada, mostró una independencia de Dios que lo dejó completamente desprotegido para lo que pasaba.

¿Cómo le paso esto a Pedro? De la misma manera que nos pasa a nosotros. Dos cosas contribuyen:

1).- **Subestimamos** la naturaleza de las experiencias de la vida que pueden abrumarnos en un momento de desastre y también nuestra capacidad de traicionar al Señor cuando nos sentimos presionados.

2).- **Sobreestimamos** nuestra capacidad, nuestro sentido común y nuestra fuerza, y no sentimos necesidad de la provisión de Dios que tanto nos hace falta. Sin embargo, no pasemos por alto la nobleza y determinación de Pedro. Al sacar la espada, probó su disposición de ir a la cárcel e incluso de morir por su Maestro. Intentaba vivir a la altura del nombre que Él Señor Jesús le había puesto. ¡Admiro la actitud de Pedro!

Los demás discípulos abandonaron al Señor Jesús y huyeron después del arresto de Jesús, *"Entonces todos los discípulos, dejándole, huyeron"*. (Mateo 26:56b) Pedro intentó ser fuerte. Siguió a la multitud enardecida que llevaba al Señor a la casa del sumo sacerdote. *"Mas Pedro le seguía de lejos hasta el patio del sumo sacerdote; y entrando, se sentó con los alguaciles, para ver el fin"*. (Mateo 26:58)

Allí fue sacudido con más fuerza, cuando desprevenido, negó al Señor Jesús y se cumplió la profecía del Señor. *"Pedro estaba sentado fuera en el patio; y se le acercó una criada, diciendo: Tú también estabas con Jesús el galileo. Mas él negó delante de todos, diciendo: no sé lo que dices. Saliendo él a la puerta, le vio otra, y dijo a los que estaban allí: También éste estaba con Jesús el nazareno. Pero el negó otra vez con juramento; no conozco al hombre. Un poco después, acercándose los que por allí estaban, dijeron tú eres de ellos, porque aún tu manera de hablar de descubre. Entonces el comenzó a maldecir, y a jurar: No conozco al hombre, y en seguida cantó el gallo. Entonces Pedro se acordó de las palabras de Jesús, que le habían dicho: Antes que cante el gallo, me negarás tres veces. Y saliendo fuera, lloró amargamente."* (Mateo 26:69-75)

La caída de Pedro fue más tremenda de lo que pudo haber imaginado. San Lucas nos dice que, cuando las palabras de su última negación salieron de la boca de Pedro... *"vuelto él Señor, miró a Pedro; y Pedro se acordó de la palabra del Señor, que le había dicho: antes que el gallo cante, me negarás tres veces. Y Pedro, saliendo fuera, lloró amargamente"* (Lucas 22:61-62)

¡Qué trágico! Y mucho más porque fue innecesario. Si tan solo hubiera orado... si tan solo se hubiera preparado. Si tan solo hubiera prestado atención a las advertencias de su Maestro. Y lo más maravilloso, Jesús no criticó a Pedro. Lo comprendió. Cristo Jesús nunca se dio por vencido con él.

Es la misma tragedia que todos enfrentamos cuando pensamos que somos ricos, Fuertes y que no necesitamos nada... como la iglesia de Laodicea. *"Tu dice soy rico, y me he enriquecido, y de ninguna cosa tengo necesidad;"* (apocalipsis 3:17) La autosuficiencia nos derrumba. Debemos comprender bien:

1).- Las palabras de San Pablo: *"Yo sé que en mí, esto es en mi carne, no mora el bien; porque el querer el bien está en mí, pero no el hacerlo"*. (Romanos 7:18)

2).- Las palabras de Jeremías: *"Engañoso es el corazón más que todas las cosas, y perverso; ¿quién lo conocerá?* (Jeremías 17:9)

3).- Las palabras de Jesús: *"...Separados de mí nada podéis hacer"* (Juan 15:5b) tenemos que entender muy bien nuestra insuficiencia y entender las palabras de San Pablo: *"No os ha sobrevenido ninguna tentación que no sea humana; pero fiel es Dios, que no os dejará ser tentados más de lo que podéis resistir, sino que dará también juntamente con la tentación la salida, para que podáis soportar"*. (1 Corintios 10:13)

Pedro no utilizó sus recursos espirituales para prepararse, sino que confió en sí mismo. Por eso experimento la caída de su vida. Fue un fracaso, que no debió de haber sucedido si Pedro hubiera confiado más en las advertencias de Cristo que en sus propios recursos, no hubiera fracasado.

Parecerse a Cristo es un proceso

Nosotros nos parecemos mucho a Pedro. Pedro lucho hasta las últimas horas de sus tres años con Jesús contra el fracaso. Sin embargo, como una expresión de la gracia de Dios, Cristo resucitado lo buscó y lo restauró para una vida de servició y testimonio. Como resultado de la restauración, lo vemos sólo diez días después de que Jesús ascendió al cielo, predicando en el día de Pentecostés, 3000 personas le entregaron sus vidas al Señor resucitado. (hechos 2:41).

Y siguió luchando con su corazón. Pablo le reprende por alinearse con quienes sabía que estaban equivocados. *"Pero cuando Pedro vino a Antioquía, le resistí cara a cara, porque era de condenar. Pues antes que viniesen algunos de parte de Jacobo, comía con los gentiles; pero después que vinieron, se retraía y se apartaba, porque tenía miedo de los de la circuncisión. ...Pero cuando vi que no andaban rectamente conforme a la verdad del evangelio dije a Pedro delante de todos: Si tú, siendo judío, vives como los gentiles y no como judío. ¿por qué obligas a los gentiles a judaizar?* (Gálatas 2:11-12,14)

Pedro dejo atrás sus fracasos y vivió para servir a Cristo y predicar Su evangelio, años más tarde, como una reflexión sobre tantas batallas espirituales peleadas y perdida, escribió: *"Sed sobrios, y velas porque vuestro adversario el diablo, como león rugiente, anda alrededor buscando a quien devorar; al cual resistid firmes en la fe, sabiendo que los mismos padecimientos se van cumpliendo en vuestros hermanos en todo el mundo".* (1 Pedro 5:5-9)

Las enseñanzas de Getsemaní al fin se habían arraigado, y Pedro aprendió sus dolorosas lecciones y darnos la sabiduría de 1 y 2 de Pedro. 2 de Pedro 1: 1-13, es como si el apóstol estuviera reflexionando sobre esos fracasos que marcaron su vida para el crecimiento y la dependencia de Dios. Lecciones que aprendió mediante el dolor y el fracaso. Sus últimas palabras son un recordatorio de lo fácil que es tropezar y caer:

"Así que vosotros, oh amados, sabiéndolo de antemano, guardaos, no sea que, arrastrados por el error de los inicuos, caigáis de vuestra firmeza. Antes bien, creced en la gracias y el conocimiento de nuestro Señor y Salvador Jesucristo. A Él sea gloria ahora y hasta el día de la eternidad". (2 Pedro 3:17-18)

Pedro nos recuerda que venir a Cristo es un acontecimiento, parecerse a Cristo es un proceso. En el proceso tendremos altibajos, como le sucedió a él, pero podemos confiar en la fortaleza del Señor para seguir adelante y servirle... a pesar de nuestros defectos e insuficiencias humanas. podemos crecer en la gracia y el conocimiento de Cristo. Y en oración tener su misericordia y su gracia para ayudarnos en momentos de necesidad. *"Acerquémonos, pues, confiadamente al trono de la gracia para alcanzar misericordia y hallar gracia para el oportuno socorro".* (Hebreos 4:16)

Nuestra lucha para vivir la vida cristiana es una batalla que dura toda la vida, pero que vale la pena lucharla. Todo habrá valido la pena cuando veamos a Cristo. *"Amados, ahora somo hijos de Dios, y aún no se ha manifestado lo que hemos de ser; pero sabemos que cuando Él se manifieste, seremos semejantes a Él, porque le veremos tal como Él es".* (1 Juan 3:2)

EL PODER LA FE

"Es pues, la fe la certeza de lo que se espera, la convicción de lo que no se ve."
(Hebreos 11:1)
"Pero sin fe es imposible agradar a Dios; porque es necesario que el que se acerca a Dios crea que le hay, y que es galardonador de los que le buscan" (Hebreos 11:6)

La fe es importante para poder vivir un cristianismo auténtico, sin fe el cristianismo no existe. Sin fe es imposible agradar a Dios y nada de lo que hagamos tiene valor si no es la fe lo que sustenta esos hechos, la fe es necesaria en cualquier aspecto de la vida. La fe nos ayuda a pasar pruebas y a mantenernos firmes.

Una vida de plenitud viene por una fe depositada en Dios y una vida de total dependencia de Él. Sin fe, todo lo que hagamos no sirve de nada, podemos, cantar, alabar, memorizar, etc., pero sin fe no hay un cristianismo real, por eso es tan importante estar constantemente reavivando el fuego de la fe.

Todas las armas y artimañas del enemigo, todos los ataques del maligno apuntan a apagar nuestra fe, cambiar nuestra fe por incredulidad.

"Pero sin fe es imposible agradar a Dios; porque es necesario que el que se acerca a Dios crea que le hay, y que es galardonador de los que le buscan" (Hebreos. 11:6) lo que agrada a Dios es la fe. La fe nos da victorias.

Hebreos 11 habla de hombres y mujeres que vivieron por la fe, personas que por la fe realizaron grandes proezas. *¿"Qué más digo? Porque el tiempo me faltaría contando de Gedeón, de Barac, de Sansón, de Jefté, de David, así como de Samuel y de los profetas".* (Hebreos. 11:32)

"Por la fe conquistaron reinos, por la fe hicieron justicia, por la fe alcanzaron promesas," (Hebreos 11:33) *"por la fe sacaron fuerzas de debilidad, por la fe se hicieron fuertes en batallas",* (Hebreos. 11:34) ¿se ha sentido alguna vez débil, como

que ya no puede más? la fe saca fuerzas de debilidad. *"Por la fe pusieron en fuga ejércitos extranjeros",* (Hebreos 11:34) la fe nos ayuda a alcanzar victorias. *Jehová dijo a Gedeón: El pueblo que está contigo es mucho para que yo entregue a los madianitas en su mano, no sea que se alabe Israel contra mí, diciendo: Mi mano me ha salvado. Ahora, pues, haz pregonar en oídos del pueblo, diciendo: Quien tema, y se estremezca, madrugue y devuélvase desde el monte de Galaad. Y se devolvieron de los del pueblo veintidós mil, y quedaron diez mil, Y jehová dijo a Gedeón: aún es mucho el pueblo; llévalos a las aguas, y allí te los probaré; y del que yo te diga: Vaya este contigo, irá contigo; más de cualquiera que yo te diga: Este no vaya contigo, el tal no irá. Entonces llevó el pueblo a las aguas; y Jehová dijo a Gedeón: cualquiera que lamiere las aguas con su lengua como lame el perro, a aquel podrás aparte; asimismo a cualquiera que se doblare sobre sus rodillas para beber. Y fue el número de los que lamieron llevando el agua con la mano a su boca, trescientos hombres; y toto el resto del pueblo, se dobló sobre sus rodillas para beber las aguas. Entonces Jehová dijo a Gedeón; Con estos trescientos hombres que lamieron el agua os salvaré, y entregaré a los madianitas en tus manos; y váyase toda la demás gente cada uno a su lugar"* (Jueces 7:2-7)

La fe nos ayuda a pasar las pruebas.

"Otros experimentaron vituperios y azotes, prisiones y cárceles. Fueron apedreados, aserrados, puestos a prueba, muertos a filo de espada; anduvieron de acá para allá cubiertos de pieles de ovejas y de cabras, podres, angustiados, maltratados" (Hebreos 11:36-37)

La fe nos mantiene firmes.

"De los cuales el mundo no era digno; errando por los desiertos, por los montes, por las cuevas y por las cavernas de la tierra". (Hebreos 11:38)

El Señor dice y espera de nosotros:

esto no es algo agradable, nadie quiere padecer, pero seremos probados. Todos tenemos delante de nosotros dos caminos, tenemos que escoger uno: el camino que vemos, oímos, o el camino de la fe. Puede que todo parezca estar perdido. Puede haber dolor, tristeza, depresión, etc., pero si quiere salir adelante y superar la crisis, tiene que elegir creerle a Dios por la fe, la fe es decisión.

La Fe es la certeza de lo que se espera.

"Es, pues la fe la certeza de lo que se espera, la convicción de lo que no se ve".
(Hebreos 11:1)

La Biblia explica que la fe es la certeza de lo que se espera. La palabra "certeza" significa "base" o "Título de propiedad", o sea la fe es la base de lo que nosotros esperamos. Esperamos el cumplimiento de las promesas de Dios. Si tenemos en cuenta que la base es fundamental para que un edificio este firme sobre la misma base, la fe es fundamental para que podamos llevar a cabo nuestra vida cristiana con éxito.

La fe también se asimila a un título de propiedad. Título es un papel en el que figura la pertenencia de un determinado terreno, un edificio o una casa. Por lo tanto, la fe es la convicción que posee en sus manos como si fuese un título de propiedad, al orar por un objetivo claro y concreto.

La fe es la convicción de lo que no se ve.

Si la certeza de lo que se espera logra penetrar en lo más profundo de nuestro ser, contaremos con la convicción de que nuestros sueños, metas y necesidades ya han sido manifestadas en la realidad.

Varias veces en la Biblia vemos a Jesús siendo motivado a actuar por la fe de las personas que le traen sus necesidades:

La mujer enferma del flujo de Sangre.

"Jesús le dijo: Hija tu fe te ha hecho salva; ve en paz, y queda sana de tu azote" (Marcos 5:34)

La mujer cananea que le pidió sanara a su hija del tormento de un demonio, *"Respondiendo Jesús, dijo: Oh mujer, grande es tu fe; hágase contigo como quieres. Y su hija fue sanada desde aquella hora"* (Mateo 15:28)

El ciego Bartimeo que le pidió le devolviera la vista.

"Y Jesús le dijo: Vete, tu fe te ha salvado, y en seguida recobró la vista, y seguía a Jesús en el camino" (Marcos 10:52) La promesa de la Palabra de Dios es nuestra autoridad no nuestros sentimientos. El Señor al ver nuestra fe, nos bendice y dice: "Y como creíste, te sea hecho", nada es imposible para la persona que tiene este tipo de fe. El Señor Jesús dice: *"Si puedes creer, al que cree todo le es posible"* (Marcos 9:23)

Le fe es acción.

La fe no es una simple expresión vocal. La fe es una decisión voluntaria que se manifiesta a través de la capacidad de aferrarse en lo invisible. La fe es manifestada a través de los actos. Como vimos anteriormente en la Biblia nos damos cuenta que Jesús siempre veía la fe de las personas antes de obrar un milagro. La historia del paralitico que fue traído por cuatro amigos. Las circunstancias se presentaban cada vez más desalentadoras, pujes la gente bloqueaba las entradas para llegar al Señor Jesucristo. No obstante, los cuatro amigos, que creían que su amigo paralítico sería sanado tan solo con acercarse a Jesús, decidieron romper el techo de la casa.

Se oyó un ruido extraño desde el tejado. Y cayó polvo sobre la cabeza de los presentes. La gente murmuraba, se preguntaban qué sería todo este alboroto. Sin embargo, estos amigos siguieron rompiendo el techo, hasta lograrlo. Luego empezaron a bajar el lecho donde estaba acostado el paralítico. Jesús observaba atentamente todo el acontecimiento. La Biblia describe este momento desde el punto de vista de Jesús así:

"Al ver la fe de ellos". (Lucas 5:20)

Dice la Palabra de Dios claramente que Jesús vio la fe de los amigos del paralítico. Jesús, al ver su fe, dijo al paralítico:

*"**Levántate, toma tu lecho, y vete a tu casa**"* (Lucas 5:24)

¡El paralítico se levantó y estaba completamente sano!

¿Puede entender ahora? Dios primeramente observa nuestra fe, antes de obrar un milagro. Dice Santiago: *"La fe si, si no tiene obras, es muerta en sí misma"* (Santiago 2:17) Dios observa la fe que tiene acción, y luego obra el milagro sobre ella.

EL PRINCIPIO DE LA VISUALIZACIÓN Y LA FE

"Y Moisés hizo una serpiente de bronce, y la puso sobre una asta, y cuando una serpiente mordía a alguno, miraba a la serpiente de bronce, y vivía". (Números 21:9)

El principio de la visualización es muy importante para ser bendecidos por Dios, vemos que Jesús le dijo a Nicodemo: *"Y como Moisés levantó la serpiente en el desierto, así es necesario que el Hijo del Hombre sea levantado, para que todo aquel que en él cree, no se pierda, más tenga vida eterna".* (Juan 3:14-15) *"es necesario que el Hijo del Hombre sea levantado"*, esto significaba que Jesús sería crucificado en la cruz y allí arrebataría toda influencia de Satanás y, todo el que observe a Jesucristo, que fue crucificado en la cruz y crea en Su sacrificio tendrá vida eterna. Este es el principio de la visualización.

Dios bendijo a Abraham a través de este mismo principio espiritual. Cuando el patriarca se encontraba en su vejez, frustrado por no poder concebir un hijo, Dios se le apareció y le dijo que contara las estrellas del cielo: *"Y lo llevó fuera, y le dijo: Mira ahora los cielos, y cuenta las estrellas, sí las puedes contar. Y le dijo; así será tu descendencia".*
(Génesis 15:5) A partir de ese momento, Abraham comenzó a visualizar la numerosa descendencia con los ojos de la fe. Así se convirtió en padre de multitudes.

La esposa de Lot uso este principio de una manera incorrecta, en el momento de la destrucción de la ciudad de Sodoma y Gomorra, Dios le había dicho a Lot y a su familia que no mirasen hacia atrás, y que marcharan hacia adelante. La esposa de Lot miró hacia atrás, y se convirtió en una estatua de sal. *"Entonces la mujer de Lot miró atrás, a espaldas de él, y se volvió estatua de sal".* (Génesis 19:26) El pecado de esta señora fue mirar hacia atrás; cuando observó la destrucción de Sodoma y Gomorra, también fue destruida.

Otro ejemplo. El pecado de Eva se debe al uso incorrecto del principio de la visualización. *"Eva vio que el árbol era buen para comer, agradable a los ojos y codiciable para alcanzar la sabiduría, entonces comió del fruto".* (Génesis 3:6)

El Rey David es otro ejemplo del mal uso del principio espiritual de la visualización. Mientras todo el ejército de Israel libraba una fuerte batalla con los hijos de Amón. David permaneció en la ciudad de Jerusalén. En una de esas, mientras paseaba por el terrado de la casa real, observó a una mujer muy bella. La mandó a buscar y cometió adulterio. Como resultado, la Betsabé, quedó embarazada. (vea 2 Samuel 11:2-15)

El tema de la visualización es algo fundamental. El pueblo de Israel vivió al ver, en obediencia y fe, la serpiente de bronce que había sido colocada en una asta. Hoy nosotros también podemos gozar de una vida abundante, de una transformación y restauración de nuestro espíritu, alma y cuerpo, de nuestras circunstancias, si tan solo vemos en obediencia y en fe a Jesús que fue crucificado en la cruz del Calvario. Él Señor Jesús dice: *"conforme a vuestra fe os sea hecho"*. (Mateo 9:29)

FE SOBRE LA ROCA SÓLIDA

"Te amo, oh Jehová, fortaleza mía. Jehová, roca mía y castillo mío, y mi libertador; Dios mío, fortaleza mía, en el confiaré; mi escudo, y la fuerza de mi salvación, mi alto refugio. Invocaré a Jehová, quien es digno de ser alabado, y seré salvo de mis enemigos. Viva Jehová, y bendita sea mi roca, y enaltecido sea el Dios de mi salvación"
(salmo 18:1-3, y 46)

La fe no se debe confundirse con la emoción, la fe debe estar basada en la Palabra de Dios. Aunque nuestros ojos no vean, ni nuestras manos toquen ni nuestros oídos oigan cosa alguna, debemos afirmarnos en la Palabra de Dios. Como el profeta Habacuc que dijo: *"Aunque la higuera no florezca, ni en las vides haya frutos, aunque falte el producto del olivo, y los labrados no den mantenimiento, y las ovejas sean quitadas de la majada, y no haya vacas en los corrales; con todo, yo me alegraré en Jehová, y me gozaré en el Dios de mi salvación, Jehová el Señor es mi fortaleza, El cual hace mis pies como de cierva y en mis alturas me hace andar".* (Habacuc 3:17-19)

Pedro logró caminar sobre el agua porque había creído y dependido solo de la Palabra del Señor Jesús. Pero al mirar las olas, comenzó a ahogarse.

Si ha comprendido y obedecido la Palabra de Dios, cree que será hecho y no dude en su corazón. No le de espacio al temor y a la duda.

La paciencia es algo importante para los cristianos y un mandado del Señor *"No perdáis, pues, vuestra FE, que tiene grande galardón; porque os es necesaria la paciencia, para que, habiendo hecho la voluntad de Dios, obtengáis la promesa".*
(hebreos 10:35-36) Debemos esperar con paciencia y con fe, hasta que la promesa sea cumplida.

Paradójicamente los momentos difíciles pueden ayudar a fortalecer la fe y los vínculos personales. Al ver este principio en la vida real, entiendo mejor uno de los misterios de la relación con Dios: la fe se reduce a una cuestión de confianza. Si estoy afirmado sobre una roca sólida de confianza en Cristo. *"Jehová, roca mía y castillo mío, y mi libertador; Dios mío, fortaleza mía, en el confiaré; mi escudo, y la fuerza de mi salvación, mi alto refugio"* (Salmo 18:2) las circunstancias adversas no destruirán esa relación.

La fe cimentada en una roca sólida me permite creer, a pesar del caos que pueda vivir, Él Señor sigue reinando. Al margen de lo inepto que pueda sentirme, todo tiene que ver con que Dios me ama. Ningún dolor, dura para siempre, y al final, no hay mal que triunfe. *"Sabemos que a los que aman a Dios, todas las cosas les ayudan a bien, esto es, a los que conforme a su propósito son llamados".* (Romanos 8:28) CRISTO, LA ROCA, ES NUESTRA ESPERANZA FIRME.

CREO LO IMPOSIBLE

"Si tuviereis fe como un grano de mostaza, diréis a este monte; pásate de aquí allá, y se pasará; y nada os será imposible". (Mateo 17:20b)

Iniciamos el proyecto de establecer la Iglesia y Construir el Templo Roca Fuerte, con lo que llamamos: Proyecto Imagina, Cristo dice: que si nuestra fe fuera del tamaña del grano de semilla de mostaza, entonces ¿cómo es la fe de alguno de nosotros' que ni siquiera tenemos fe del tamaño de la semilla de mostaza. (Mateo 17:20b)

He aprendido que cuando somos personas de fe, que confiamos en lo que Dios ha dicho en Su Palabra, no hay límites que nos detengan.

Empezamos reuniéndonos en un salón de un hotel, en la ciudad de Cancún, Quintana ROO, después en el centro cerca del parque las palapas, Después se compró una carpa de circo que sirvió como santuario, vino el huracán wuilma y destruyo todo, quedamos sin nada, pero teníamos fe como un grano de mostaza.

Iniciamos el proyecto **imagina**, poniendo la primera piedra, un cinco de febrero del año 2006. Todos estaban muy entusiasmados, ¿cuándo dinero teníamos? **Nada.** Pero teníamos fe como un grano de mostaza, y sabíamos que Dios iba a suplir todo lo necesario, así fue.

Todo comenzó así, como un grano de mostaza, un grupo de hermanos y hermanas en Cristo Jesús buscamos el terreno, se negoció pagarlo a plazos a cinco años, se firmaron las letras, ¿cuánto dinero teníamos? **nada,** pero teníamos fe como un grano de mostaza. yo honro la fe de estos hombre y mujeres, les felicito en el nombre del Señor, ¿saben por qué? Porque ellos fueron la generación que le creyó a Dios, no teníamos los recursos, no teníamos dinero, pero teníamos la fe como un grano de mostaza.

Además, el lugar era inhóspito, lodo, moscos, selva, no había calles, el calor era impresionante en la carpa, pero le creíamos a Dios, era complicadísimo, así que honro su fe, los felicito, los bendigo en Él nombre de Jesucristo. Fue con lo que contabamos, la fe como un grano de mostaza, ¿y con que contamos hoy? Con lo mismo. Fe como un grano de mostaza.

No debemos a nadie, fue y es por la gracia de Dios, por la expresión de una sencilla semilla de fe, que Dios ha estado cumpliendo su propósito.

Quiero mencionar a un hombre llamado el padre de la fe, del cual podemos aprender algunas valiosas lecciones. La vida de Abram es una vida ejemplar, vamos a ver cinco cosas que tenemos que hacer mientras seguimos creyendo, esperando con fe y paciencia en las promesas de Dios.

Número Uno: Debo entender las 6 etapas de la fe.

Estas son etapas que se repiten, veamos cómo funcionaron estas etapas en la vida de Abram y es sorprendente como funcionaron en la vida de la Iglesia cristiana.

Etapa No. Uno: todo comienza con un sueño, una visión.

Nada sucede hasta que alguien comienza a soñar, después de dos años que Él Señor nos mostró su propósito, soñamos con la Iglesia, y con el templo Roca Fuerte, Ministerio por Redes sociales, Internet, cuando hablaba del sueño, algunos me decían en lugar de proyecto imagina parece proyecto alucina.

Todo comienza con un sueño. Dios le dijo a Abram: *"haré de ti una nación grande"* (Génesis 12:2) recuerde: ¿Abram no tenía hijos? y con 75 años de edad. Sara su esposa Eran Infértiles. No hay Edad para recibir sueños que vengan de parte de Dios, *"y te bendeciré, y engrandeceré tu nombre, y serás bendición. Bendeciré a los que te bendijeren..."* (Genesis 12:2-3)

2da. Etapa: Decisión:

Muchos sueños se quedan en la nada porque no tomaron la decisión de iniciarlo, dice que *"se fue Abram, como Jehová le dijo."* (Génesis 12:4) ningún sueño se va a cristalizar mientras esté orando, pensando, considerando, planeando, hasta que haga algo.

Cuando comenzamos Roca Fuerte no teníamos el dinero, si hubiéramos esperado a tener el dinero no tendríamos lo que hoy tenemos, si no decide va a quedar al margen de la bendición, una decisión es cuando decide actuar en con secuencia al sueño.

3er. Etapa: Demora:

Es importante que entienda esto, si se va a casar, si va a estudiar, si va a comprar una casa, un carro, etc., entre el sueño y la realización siempre hay una demora, ¿sabe cuánto puede tardar esa demora? Tan grande como sea el sueño, un sueño nunca es el resultado de un día para otro. ¿Por qué? Porque Dios quiere que crezca en ese tiempo, si tiene un sueño prepárese intencionalmente, en ese tiempo uno tiende a dudar, a reenfocarse, a llenarse de desesperanza, o a tomar desviaciones o alternativas como la que tomo Abram por iniciativa de Saraí que le dijo a Abram *"Saraí mujer de Abram no le daba hijos; dijo a Abram; ya ves que Jehová me ha hecho estéril; te ruego, pues que te llegues a mi sierva; quizá tendré hijos de ella. Y atendió Abram al ruego de Saraí",* (Genesis 16:1-2)

4to. Etapa: Dificultad.

Abram tenía 100 años, las cosas van de mal en peor *¿A hombre de cien años ha de nacer hijo? ¿y Sara, ya de noventa años, ha de concebir?* (Génesis 17:17) y lo peor Dios le cambió en ese tiempo el nombre a Abram, Sara se entera que está embarazada, se río, haber señoras, de 70 años, ¿cómo racionaría? ¿tienen el niño milagro?

Etapa 5: Camino sin salida.

Ya tienen el hijo de la promesa, ya tienen el niño milagro, todo va viento en popa y Dios dice cambio de planes devuélveme al niño. No tiene sentido para nada, no cuadra, no hace gracia, ¿qué estaba haciendo Dios con Abraham?

¿qué le iba a decir a Sara, ¿a la gente que le rodeaba? no tiene sentido. Cuando se siente muy dueño del proyecto o del sueño dice Dios no es tuyo, no es tu negocio, no es tu familia, no es tu ministerio, es mío dice Dios, parece un camino sin salida, eso es lo que Dios hace.

¿por qué? Porque es más útil en las manos de Dios, que, en las suyas, Dios puede usar este sueño cuando renuncia a él, ¿Qué hizo Abraham? Renunció al niño y dijo es tuyo, te pertenece por completo, ¿cómo termina la historia, la recuerda? Dice Génesis. 21:1-6 y 22:1-12 *"...probó Dios a Abraham, y le dijo: Abraham, él respondió; Heme aquí. Y dijo Dios: Toma ahora tu hijo, tu único, Isaac, a quien amas, y vete a tierra de Moriah, y ofrécelo allí en holocausto..."* Cuando está en esta etapa duda, está fuera de control como lo estuvo Abraham.

Etapa 6: Liberación:

Dice Génesis 22:12-14 *dijo Dios no extiendas tu mano sobre el muchacho, ni le hagas nada porque ya conozco que temes a Dios, por cuanto no me rehusaste tu hijo..."* las 5 etapas estaban preparando a Abraham para la etapa más grande, que es la etapa de la liberación que es la etapa cuando Dios dice: va con todo, es lo que hemos vivido en Roca Fuerte, hemos tenido muchas complicaciones, falta de dinero, complicaciones, falta de recursos humanos, etc.

Recuerde las etapas de la fe:

Sueño, Decisión, Retraso, Dificultad, Liberación, ¿saben qué? Dios lo hace una y otra vez, es un proceso, Así que confiemos, Dios nos va a cumplir su promesa.

2da. Cosa que quiero que aprendan: <u>lo que Dios puede hacer.</u>

No lo que usted y yo podemos hacer, **sino lo que Dios puede hacer en su poder y gracia**, no estamos limitados por nuestros recursos, estamos basándonos en los recursos maravillosos de Dios. *"... Dios llama las cosas que no son como si fuesen"* (Romanos 4:17b)

¿puede hacer todavía Dios esto? Dar vida a los muertos, ¿dar vida a las relaciones muertas, dar vida al matrimonio muerto, dar vida al negocio muerto, etc.? claro que lo puede hacer Dios. Esto fue lo que creyó Abraham, por eso Dios lo bendijo, por eso es llamado el padre de la fe, ¿cuántos milagros hizo Abraham? Ninguno, pero es llamado el padre de la fe porque obedeció a Dios. Y eso le capacita a usted y a mí para ser persona de fe. No precisamente hacer algo raro o extraordinario.

Dios le da vida a algo que estuvo muerto o puede sacar algo de la nada. Eso es lo que Dios puede hacer y lo sigue haciendo, y está buscando personas como usted y como yo, que tengamos fe. Dios busca y quiere ser un pueblo lleno de fe y confianza en Su Palabra.

3. Debe recordar que cuenta con lo que Dios le prometió.

Cuando tenemos un sueño, un proyecto, no cuente sus recursos, cuente las promesas de Dios, *Abraham "creyó en esperanza contra esperanza, para llegar a ser padre de mucha gente, conforme a lo que se le había dicho; Así será tu descendencia."* (Romanos 4:18) ¿qué hizo Abraham? Siguió creyendo, ¿Qué tiene que hacer usted? Seguir creyendo, no aborte el sueño, no deserte, no tire la toalla.

¿Cuál es la evidencia de que una persona comienza a perder la fe?

Cuando empieza a usar la palabra nunca en sus conversaciones, ¿Cómo sigue creyendo cuando se ve tentado a dudar? Vea lo que Dios dice en Su Palabra. Y si Dios lo dice yo lo creo, El dijo: *"Edificare mi iglesia"* oiga, pero las complicaciones y los milenios, etc., *"Edificaré mi Iglesia"* yo creo en eso, independientemente de lo que la gente diga o piense. Con las promesas de Dios usted puede esperar con fe, en lugar de desistir, Abraham, lo que más amo, su hijo, te lo doy, y fue padre de muchos como Dios se lo prometió.

4.- Debe reconocer los hechos con fe.

Se dice que: *"Abraham no se debilitó en la fe al considerar su cuerpo, que estaba ya como muerto (siendo de casi cien años), o la esterilidad de la matriz de Sara. Tampoco dudó, por incredulidad, de la promesa de Dios, sino que se fortaleció en fe, dando gloria a Dios, plenamente convencido de que era también poderoso para hacer todo lo que había prometido".* (Romanos 4:19-21)

SOSTENIDOS POR LA FE

"Jehová es mi luz y mi salvación; ¿de quién temeré? Jehová es la fortaleza de mi vida; ¿de quién he de atemorizarme? Cuando se juntaron contra mí los malignos, mis angustiadores y mis enemigos, para comer mis carnes, ellos, tropezaron y cayeron. Aunque un ejército acampe contra mí, no temerá mi corazón; aunque contra mí se levante guerra, yo estaré confiado. Una cosa he demandado a Jehová, esta buscaré; que esté yo en la casa de Jehová, todos los días de mi vida, para contemplar la hermosura, de Jehová y para inquirir en su santo templo. Porque Él me esconderá en su tabernáculo en el día del mal; me ocultará en lo reservado de su morada; sobre una roca me pondrá en alto. Luego levantará mi cabeza sobre mis enemigos que me rodean, y yo sacrificaré en su tabernáculo sacrificios de júbilo; cantaré y entonaré alabanzas a Jehová. Hubiera yo desmayado, si no creyese que veré la bondad de Jehová" (salmo 27:1-6 y 13)

"Hubiera yo desmayado"

(Salmo 27:13) = Caído, Derribado, colapsado, esto es bien interesante porque David, está diciendo que él no estaba excepto de desmayar, de caer, David estaba pasando por una situación muy fuerte y muy difícil. El salmo 27 describe que el enemigo usa diferentes estrategias para destruir a David.

"Se juntaron"

(Salmo 27:2) habla de 3 tipos de enemigos, hay ocasiones que el enemigo toma la decisión de destruir a una persona, *"Pasadas estas cosas, aconteció que los hijos de Moab y de Amón, y con ellos otros de los amonitas, vinieron contra Josafat a la guerra".* (2 Crón. 20:1) todos los enemigos se unieron contra Josafat, fue cuando Él Señor le dijo: "Oíd Judá todo, y vosotros moradores de Jerusalén, y tú, rey Josafat, Jehová os dice así: No temáis ni os amedrentéis delante de esta multitud tan grande, porque no es vuestra la guerra, sino de Dios". (2 Crónicas 20:15)

"Aunque un ejército acampe contra mí, no temerá mi corazón; aunque contra mi se levante guerra yo estaré confiado". (Salmo 27:3) Un ejército se estaba levantando contra David.

"Levantará mi cabeza sobre mis enemigos que me rodean". (Salmo 27:6a) "enemigos rodeaban a David

"No me entregues a la voluntad de mis enemigos; porque se han levantado contra mis testigos falsos, y los que respiran crueldad." (Salmo 27:12) Testigos falsos y crueles atacaban a David

Tenemos que entender que habrá momentos que el enemigo va unir fuerzas, va usar diferentes estrategias para venir contra nosotros, es lo que llama Efesios: **"El día malo"** *"Por tanto, tomad toda la armadura de Dios, para que podáis resistir en el día malo, y habiendo acabado todo, estad firmes"* (Efesios 6:13)

Sin embargo, dice que David salió victorioso, ¡Aleluya!, porque algo que el enemigo no entiende nunca es que hay poder en la fe, basada en las promesas de Dios. La Biblia dice: *"Sed sobrios, y velad; porque vuestro adversario, como león rugiente, anda alrededor buscando a quien devorar".* (1 Pedro. 5: 8) cuando usted tiene fe, cree en el Señor, cuando su fe es saludable, porque hay fe enferma, ¿lo sabía? Por eso dice: ***"reprende a los ancianos para que sean sanos en la fe"*** (Tito 1:13b)

Hay gente que tiene una fe enferma, que se está muriendo, que deja de orar a Dios, deja de estudiar la Palabra de Dios, deja de obedecer a Dios, deja de buscar a Dios, ***"Porque la fe sin obras es muerta"*** (Santiago.2:17) cuando la persona deja de moverse en fe, es porque la fe está enferma, y está a punto de morirse, la biblia habla de gente que naufragó en su fe,

Pedro da el primer paso en fe, caminó sobre el agua, creyendo en el poder de Dios, creyendo en la gloria de Dios, los ojos puestos en Jesús, con un objetivo en la Palabra de Jesús sin embargo, *"...al ver el fuerte viento, tuvo miedo; y comenzando a hundirse, dio voces, diciendo: ¡Señor, sálvame!"* (Mateo. 14:30) entra la duda, comienzan a hundirse, Él Señor le dijo a Pedro *"¡Hombre de poca fe! ¿Por qué dudaste"* (Mateo 14:31)

Hay creyentes que contraen el virus de la duda, pero cuando el enemigo desata toda su fuerza, y encuentra un hombre o una mujer con una fe fundamentada en la roca, con una fe fuerte, con una fe saludable, la Biblia dice que la fe es un escudo *"Sobre todo tomad el escudo de la fe, con que podáis apagar todos los dardos de fuego del maligno".* (Efesios 6:16)

No hay una sola cosa que el enemigo traiga contra el pueblo de Dios que la fe no pueda contrarrestar, cuando el hombre y la mujer de Dios están parados en Dios, en Sus promesas, no hay dardos de fuego que pueda penetrar. ¡Aleluya, Gloria a Dios!

"Porque todo lo que es nacido de Dios, vence al mundo; y esta es la victoria que ha vencido al mundo nuestra fe" (1 de Juan 5:4)

señal de perdida de Fe

*"Y hablaron contra Dios, diciendo: ¿podrá poner mesa en el desierto? He aquí ha herido la peña, y brotaron aguas. Y torrentes inundaron la tierra; ¿podrá dar también pan? ¿Dispondrá carne para su pueblo? Oyó Jehová, y se indignó; se encendió el fuego contra Jacob, y el furor subió también contra Israel". (*Salmo 78:19 -21) porque la Biblia dice: *"Sin fe es imposible agradar a Dios; porque es necesario que el que se acerca a Dios crea que le hay, y que es galardonador de los que le buscan".* (Hebreos 11:6) si la fe agrada a Dios, la incredulidad le indigna, *"Por cuanto no habían creído a Dios, ni habían confiado en su salvación"* (Salmo 78:22) La clave de su provisión es la fe, la clave de su victoria es la fe, la clave de estar sostenido en medio de los problemas es la fe. "...Si puedes creer, al que cree todo le es **POSIBLE.**" (Marcos 9:23)

David dijo Salmo 27:13 yo hubiera caído, yo hubiera sido tirado al suelo, yo hubiera sido la víctima y no victorioso, yo hubiera sido el hazme reír o la estadística, yo a pesar de que alabo a Dios, sirvo a Dios, yo hubiera sido una víctima, sino hubiese sido por una sola cosa, "porque he tenido fe"

Si usted puede creer, Satanás no puede contra usted, si puede creer. David dijo yo creí y por eso no caí, por eso no he sido derrotado, porque he creído, si hay un cristiano lleno de fe, es un cristiano que no puede ser derrotado, el enemigo lo va a intentar, pero no va a tener éxito, David dijo: *"Hubiera yo desmayado, si no creyese que vera la bondad de Jehová en la tierra de los vivientes".* (Salmo 27:13)

Nadie está excepto de un ataque de Satanás, Satanás está hambriento de destruir a un cristiano, pero cuando el Diablo viene con todos sus darnos y encuentra un hombre o una mujer con el escudo de fe, Satanás va a tratar, pero no va a poder.

Por eso titule este capítulo sostenidos por la fe. Porque la fe tiene el poder de mantenerle en victoria. *"Hubiera yo desmayado, si no creyese que vera la bondad de Jehová en la tierra de los vivientes".* (Salmo 27:13)

La fe que David tenía era una fe que fue probada con fuego, los primeros versículos del Salmo 27 componen la estructura de la fe de David.

POR LA FE TRIUNFAMOS

"Porque todo lo que es nacido de Dios vence al mundo; y esta es la victoria que ha vencido al mundo, nuestra fe." (1 Juan 5:4)

Se levanta por la fe, triunfa por la fe, tiene victoria por la fe, puede recibir sanidad por la fe, etc., Hechos 3:16 *"Por la fe en su nombre, (Él nombre de Jesucristo) a éste, que vosotros veis y conocéis, le ha confirmado su nombre; y la fe que es por Él ha dado a éste está completa sanidad en presencia de todos vosotros"*. (Hechos 3:16) la fe es un escudo *"Sobre todo tomad el escudo de la fe, con que podáis apagar todos los dardos de fuego del maligno"*. (Efesios 6:16), el que camina en fe es imparable, el enemigo lo le puede dañar.

Juan no dijo que fue por su intelecto doctrina, recursos, etc., Juan dice que fue por la fe, si usted va a triunfar es por la fe, es la fe la que le va a dar la victoria en su matrimonio, en su familia, en su negocio, en su trabajo, amigos y hermanos en la fe, tiene que ver con nuestra fe, todo lo que usted necesita es creer las promesas de la Palabra de Dios.

La gente de Hebreos 11 ejercieron fe en tres áreas, y todo el que va a triunfar necesita fe en estas tres áreas, por favor lea con atención, porque si aprende estas tres áreas va a caminar en su familia, en su matrimonio, en su negocios, en su trabajo, con éxito.

Primera área es: Fe en la Palabra de Dios.

"Por la fe Noé, cuando fue advertido por Dios acerca de cosas que aún no se veían, con temor preparó el arca en que su casa se salvase; y por esa fe condenó al mundo, y fe hecho heredero de la justicia que viene por la fe". (Hebreos 11:7) Fe no es creer lo que entendemos, fe es creer aun lo que no entiende, va a ver muchas veces que no entendemos a Dios, pero si podemos creerle y obedecerle, recibiremos la respuesta de Dios.

Usted tiene que tener fe en la Palabra de Dios, aunque no la entienda, Dios le dijo a Abraham: *"Vete de tu tierra y de tu parentela, y de la casa de tu padre, a la tierra que te mostraré"* (Génesis 12:1) Abram lo creyó y obedeció, Dios le dijo a Josué: *"Mira, yo he entregado en tu mano a Jericó y a su rey, con sus varones de guerra. Rodearéis, la ciudad todos los hombres de guerra, yendo alrededor de la ciudad una vez; y esto haréis durante seis días. Y siete sacerdotes llevarán siete bocinas de cuernos de carnero delante de arca; y al séptimo día daréis siete vueltas a la ciudad, y los sacerdotes tocarán las bocinas. Y cuando toque prolongadamente el cuerno de carnero, así que oigas el sonido de la bocina, todo el pueblo gritará a gran voz, y el muro de la ciudad caerá; entonces subirá el pueblo, cada uno derecho hacia adelante".* (Josué 6:2-5) eso fue irracional, pero Josué creyó la Palabra y obedeció y la muralla cayó y el pueblo conquistó.

Los hombres y las mujeres que triunfan son capaces de creer la Palabra de Dios por absurdas que parezcan, ¡Aleluya! no importa que tan absurda sea la Palabra de Dios, ¡Créala! no importa si sus hijos no creen, la Biblia dice: *"Cree en Él señor Jesucristo, y serás salvo, tú y tú casa".* (Hechos 16:31) Sus hijos vendrán y le darán su vida al Señor.

Jesucristo le dijo a Marta: *¿No te he dicho que, si crees, verás la gloria de Dios?* (Juan 16:31)

***Segunda Área es fe en el* poder *de* Dios.**

Él Señor le hace una promesa a Abram, pero tuvo que esperar 100 años, fe en Su poder, en el poder sobrenatural de Dios, no tiene que entender, ni pensar como Dios lo va hacer, lo que usted tiene que hacer es creer que Él lo va hacer, Daniel creyó que Dios lo rescataría de la fosa de los leones, aun cuando no había esperanza.

Cuando Daniel llegó a la fosa de los leones Él Señor tapo la boca de los leones. "Mi Dios envió su ángel, el cual cerró la boca de los leones, para que no me hiciesen daño,..." (Daniel 6:22)

Sadrach, Mesac y Abelnego, fueron echados al horno de fuego. *"Nabucodonosor dijo: Bendito sea el Dios de Sadrac, Mesac y Abednego, que envió su ángel y libro a sus siervos que confiaron en él, y que no cumplieron el edicto del rey, ..."* (Daniel 3:28)

David no entendía como Dios iba a derribar a Goliat, perro él sabía que Dios lo haría, usted no necesita saber cómo, lo que tiene que hacer es creer que Dios lo hará con su poder.

No tenga ideas preconcebidas de como Dios tiene que hacer las cosas, ese fue el problema de Naamán. Lo que usted tiene que hacer es creer que Dios tiene el poder para hacerlo, no siempre dos más 2 son cuatro para Dios, las matemáticas de Dios son muy diferentes a las matemáticas nuestras, muchas veces Dios resta para multiplicar.

Usted no tiene que saber cómo Dios lo hace simplemente tiene que creer que Él lo hace ¡Dele gloria a Dios! El Señor le dice a Gedeón te envió contra los Madianitas, *"Jehová dijo a Gedeón: El pueblo que está contigo es mucho para que yo entregue a los madianitas en su mano, no sea que se alabe Israel contra mí, diciendo: Mi mano me ha salvado. Ahora, pues, haz pregonar en oídos del pueblo, diciendo: Quien tema, y se estremezca, madrugue y devuélvase al monte del Galaad, y se devolvieron de los del pueblo veintidós mil, y quedaron diez mil. Y jehová dijo a Gedeón: aún es mucho el pueblo; llévalos a las aguas, y allí te los probaré; y del que yo te diga: Vaya éste contigo, irá contigo; más de cualquiera que yo te diga: este no vaya contigo, el tal no irá. Entonces llevó el pueblo a las aguas; y Jehová dijo a Gedeón: Cualquiera que lamiere las aguas con su lengua como lame el perro, a aquel pondrás aparte; asimismo a cualquiera que se doblase sobre sus rodillas para beber. Y fue el número de los que lamieron llevando el agua con la mano a su boca, trescientos hombres; y todo el resto del pueblo se dobló sobre sus rodillas para beber las aguas. Entonces Jehová dijo a Gedeón: Con estos trescientos hombres que lamieron el agua os salvaré, y entregaré a los madianitas en sus manos; y váyanse toda la demás gente cada uno a su lugar. Y repartiendo los trescientos hombres en tres escuadrones, dio a todos ellos trompetas, dio en sus manos, y cántaros vacíos con teas ardiendo dentro de los cántaros. Y los trescientos tocaban las trompetas; y Jehová puso la espada de cada uno contra su compañero en todo el campamento. Y el ejército huyó".* (Jueces 7:2-7, 16, y 22) una trompeta, un cántaro, una vela adentro. ¿a cuántos de ustedes Dios le ha hecho una promesa? Esa promesa se va a cumplir de la manera más insólita, de la manera que usted no lo esperaba. Solo tenga fe en el poder de Dios. Pero de que lo va hacer lo va hacer, ¡dele gloria a Dios!

Tercera área es: Fe en la gracia y en el amor de Dios.

¿por qué? Porque llegará un momento que usted necesite el amor de Dios. La Biblia dice que Abram peco, si no fuera por la gracia de Dios, Abram no hubiera llegado al salón de la fama de la fe de Hebreo 11

Jacob peco, si no fuera por la gracia de Dios, Jacob no hubiera llegado al salón de la fama de la fe de Hebreos 11, la Biblia dice que Moisés pecó, si no fuera por la gracia de Dios, Moisés no hubiera llegado al salón de la fama de la fe de Hebreos 11

Si usted va a triunfar, necesita la fe en la gracia, necesita la fe en el amor de Dios, si usted va a dejar un legado en esta tierra, si usted va hacer lo que otros no hicieron, usted necesita fe en la gracia y el amor de Dios.

Biblia dice "...Si puedes creer, al que cree todo le es **POSIBLE**". (Marcos 9:23) ¡Gloria a Dios!

UNA GRAN FE

"Saliendo Jesús de allí, se fue a la región de Tiro y de Sidón: Y he aquí una mujer cananea que había salido de aquella región clamaba, diciéndole; ¡Señor, Hijo de David, ¡ten misericordia de mí! Mi hija es gravemente atormentada por un demonio. Pero Jesús no le respondió palabra. Entonces acercándose sus discípulos, le rogaron, diciendo: Despídela, pues da voces tras nosotros. El respondiendo, dijo: No soy enviado sino a las ovejas perdidas de la casa de Israel. Entonces ella vino y se postró ante Él, diciendo: ¡Señor, socórreme! Respondiendo Él, dijo: no está bien tomar el pan de los hijos, y echarlo a los perrillos. Y ella dijo: Sí, Señor; pero aun los perrillos comen de sus amos. Entonces respondiendo Jesús, dijo: Oh mujer grande es tu fe; hágase contigo como quieres. Y su hija fue sanada desde aquella hora". (Mat. 15:21- 28)

La fe nos permite ser tocados por lo sobre natural. Por eso dice la Biblia *"Por la fe entendemos haber sido constituido el universo por la palabra de Dios, de modo que lo que se ve fue hecho de lo que no se veía".* (Hebres 11:3) lo sobrenatural es traído a lo natural por medio de la fe, no hay una sola cosa que Dios no pueda suplir, pero es imprescindible que tenga fe.

El problema es que algunos no entienden un principio muy importante, es que la fe tiene que crecer, lo que usted, recibe de Dios está al nivel de su fe, lo que usted, recibe de Dios en toda área de su vida, sea lo económico, emocional, lo material, en lo espiritual, está de acuerdo a su fe.

Usted, no puede recibir más de lo que su fe puede desprender de lo sobre natural, *"Digo, pues, por la gracia que me es dada, a cada cual que está entre vosotros, que no tenga más alto concepto de sí que el que debe tener, sino que piense de si con cordura, conforme a la medida de la fe que Dios repartió a cada uno."* (Romanos 12:3) estoy poniendo las bases de la anatomía de la fe.

Aquí está el problema, Él Señor dio una medida de fe, otra vez, pone una semilla de fe, y sí usted., permite que su fe crezca, y crezca, y crezca, llegará a ver cosas que nunca pensó que vería, cuando los discípulos se dan cuenta de *esto "Viniendo los discípulos a Jesús, dijeron: ¿Por qué nosotros no pudimos echarlo fuera? Jesús les dijo: Por vuestra poca fe; porque de cierto os digo que, si tuviereis fe como un grano de mostaza, diréis a este monte; pásate de aquí allá, y se pasará; y nada os será imposible."* (Mateo 17:19-20) *"por vuestra poca fe"*

Sea un problema moral, o un problema familiar, o un problema económico, etc., Él Señor Jesucristo dice *"nada os será imposible"* el que vive por los siglos dice nada, el que murió y resucitó dice: *"nada os será imposible"*, Él Señor afirma: *"nada os será imposible"*, no hay problema que no pueda ser resuelto, no hay situación emocional que no pueda ser cambiado, Cristo dice: *"nada os será imposible"*. ¡Aleluya, Gloria a Dios!

Imagínese el trauma de los discípulos, *"si tuviereis fe como un grano de mostaza"* como un grano, no de un grano de mostaza, mucha gente lo ha tergiversado, dicen que la fe es del tamaño de un grano de mostaza, ¿a qué se refiere Él Señor? Lo explica *"El reino de los cielos es semejante al grano de mostaza, que un hombre tomó y sembró en su campo; el cual a la verdad es la más pequeña de todas las semillas; pero cuando ha crecido, es la mayor de las hortalizas, y se hace árbol, de tal manera que vienen las aves del cielo y hacen nidos en sus ramas"*. (Mateo 13:31-32)

En otras palabras, llega a ser tan grande que en cada rama de esa vida nace más vida, y su fe tiene que llegar a ser una vida de milagros constantes, una vida que genere más vida, las aves no pueden hacer nido en una semilla, una semillita de fe no produce milagros.

Se lo puedo probar, recuerde lo que dijo el Señor: *"Si tuvierais fe como un grano de mostaza, podríais decir a este sicómoro: Desarráigate, y plántate en el mar; y os obedecería"* (Luc. 17:6) no dice si tuvieras un poquito de fe, "trasladas montes", no dice: ***"si tuviera toda la fe"*** traslado montes, les dijo: *"fe como un grano de mostaza"*, está hablando de una fe que crece.

Que cuando se cultiva comienza pequeña, pero crece fuerte, y cada rama da vida, y sirve de refugio, y sirve de alimento, y sirve de bendición, por eso los discípulos vinieron al Señor: *"Dijeron los apóstoles al Señor: Auméntanos la fe"* (Lucas 17:5) ellos se dieron cuenta, que el asunto estaba en cuanta fe usted tiene, y miren lo que El Señor les dice: *"Si tuvierais fe como un grano de mostaza, podríais decir a este sicómoro: Desarráigate, y plántate en el mar; y os obedecería"* (Lucas 17:6)

La medida de fe que nuestro padre puso en su corazón lograra crecer, y ser cultivadas, usted va a tener una fe tan sólida, que cuando usted le hable al mar, le hable a la montaña y les hable a los problemas, se tiene que ir, cuando le hable a la pobreza, a los que se quieren robas sus hijos, o destruir su matrimonio, o que quiere robar sus finanzas el diablo se tiene que ir. ¡Aleluya!

Así llegamos a Mateo 15:21 *"Saliendo Jesús de allí, se fue a la región de Tiro y de Sidón: Y he aquí una mujer cananea que había salido de aquella región clamaba, diciendo: ¡Señor, Hijo de David, ¡ten misericordia de mí! Mi hija es gravemente atormentada por un demonio".* esta mujer tenía una gran necesidad y una gran fe, una fe poderosa, solidad, una fe firme, y eso es lo que demanda una vida cristiana sobrenatural, una fe firme a tal extremo que El Señor le dice: *"Entonces respondiendo Jesús, dijo: Oh mujer, grande es tu fe; hágase contigo como quieres. Y su hija fue senada desde aquella hora".* (Mateo 15:28)

A otros les dijo hágase de acuerdo a tu fe, el nivel de fe estaba más abajo, a esta mujer le dijo *"hágase contigo como quieres,"* El Señor le reveló a esta mujer que el nivel de su fe era tan poderoso que no había demonio, no había enemigo, no había situación, que pudiera detener lo que Dios quería para ella.

Dios quiere gente con gran fe, por eso les hablo acerca de la anatomía de una gran fe, en esta mujer nos damos cuenta que la estructura de su fe era algo increíble.
¿Qué es una gran fe?

Qué bueno que lo pregunta, es una fe tan robusta, tan fuerte, tan sólida, que resiste todo lo que se levanta, y todo lo que la quiere detener, nunca merma, sigue adelante, hasta que ve la respuesta de Dios.

¿qué es una gran fe?

Número 1.- Es una fe que resiste toda condenación.

Esta mujer era cananea, por lo tanto, gentil, pecadora, Cristo le dice para probar su fe: *"No está bien tomar el pan de los hijos, y echarlo a los perrillos".* (Mateo 15:26) porque Vivian como animales, se comportaban como animales, comían lo indebido.

Cuando Jesús vio a esta mujer probó su fe, pero ella no le importo y siguió creyendo y le dijo a Jesús: *"Sí, Señor; pero aun los perrillos comen de las migajas que caen de la mesa de sus amos".* (Mateo 15:27) ¡Aleluya! Una de las cosas que les roba a los cristianos los milagros es la condenación. Recuerde que la Palabra de Dios dice: "Ninguna condenación hay para los que están en Cristo Jesús, los que no andan conforme a la carne, sino conforme al Espíritu Santo". (Romanos 8:1)

La justicia del cristiano está basada en la fe, *"Justificados, pues, por la fe, tenemos paz para con Dios por medio de nuestro Señor Jesucristo".* (Romos 5:1) una fe grande no admite condenación. ¡Aleluya! ella dice yo sé que no merezco, *"pero ten misericordia de mi"*. (Mateo 15:22)

Número dos. - Una fe grande es una fe que no se intimida.

La mujer le dijo: *"ten misericordia de mi"* (Mateo 15: 22) hay gente que no ora por una migraña, le intimida, Por más grande que sea el problema, su Dios es más grande que ese problema, En Dios todo es posible.

Número tres. - una fe grande no se desalienta por la actitud de la gente que le rodea.

"Pero Jesús no le respondió palabra. Entonces acercándose sus discípulos, le rogaron diciendo: Despídela, pues da voces tras nosotros." (Mateo 15:23) o sea qué vergüenza, cuando Bartimeo estaba gritando todos lo callaron, Bartimeo gritaba más, y más, porque una gran fe no se desalienta por la gente, sigue creyéndole a Dios.

Mucha gente pierde su milagro por pelear y discutir con las personas. Se necesita una fe grande para todo lo que se levante contra esa fe, Jesús fue a resucitar a una niña, antes saco a todos. Porque no estaban al nivel de su fe. No se amargue contra la gente, usted siga creyéndoles a Dios y a sus promesas.

LA FE COMO UN GRANO DE MOSTAZA

El grano de mostaza

"...El reino de los cielos es semejante al grano de mostaza, que un hombre tomo y sembró en su campo; el cual a la verdad es la más pequeña de todas las semillas de las hortalizas, y se hace árbol, de tal manera que vienen las aves del cielo y hacen nido en sus ramas". (Mateo 13:31-32)

"...Jesús les dijo: Por vuestra poca fe; porque de cierto os digo, que, si tuviereis fe como un grano de mostaza, diréis a este monte; pásate de aquí allá, y se pasará; y nada os será imposible, pero este género no sale sino con oración y ayuno". (Mateo 17:20-21)

Jesucristo no da la clave para aumentar y reforzar nuestra fe: Oración y ayuno. El género de incredulidad no sale sino buscando a Dios con todo el corazón en oración y ayuno. *"pero este género no sale sino con oración y ayuno"* (Mateo 17:21)

Dios se manifiesta y contesta nuestras peticiones, nuestras oraciones, cuando erradicamos la incredulidad de nuestro corazón y mente. Esta porción de la Palabra de Dios pide que tengamos fe como la del grano de mostaza, no de su pequeño tamaño, sino de su temple y carácter, capaz de promover grandes cosas.

"...El reino de los cielos es semejante al grano de mostaza, que un hombre tomo y sembró en su campo; el cual a la verdad es la más pequeña de todas las semillas de las hortalizas, y se hace árbol, de tal manera que vienen las aves del cielo y hacen nido en sus ramas". (Mateo 13:31-32)

Es importante que entendamos que está hablando del Reino de los cielos, donde podemos suplir todas las necesidades que tengamos. Nadie con la confianza puesta en el reino de la tierra alcanza grandes logros, sólo con la fe en el Señor, nuestro Dios, se logran los milagros. También es muy importante, es vital que comprendamos que, como pequeñas semillas de mostaza, tenemos un gran potencial para crecer y dar fruto. Convénzase, si tiene fe y cree, y trabaja con su confianza en Él Señor Jesucristo, llegará a ser grandes cosas par para Dios, aunque algunos le vean pequeño.

Nunca menosprecie los inicios. La semilla más pequeña estaba convencida de su gran capacidad de crecimiento. Imagínese a la semilla de mostaza junto a una semilla de naranja, durazno o aguacate. No dejaría que la humillaran, seguramente les diría:

ahora soy pequeña, pero ya verán lo grande que llegaré a ser cuando me siembren, abonen y rieguen. No lo olvide, la Palabra se hará grande por la fe.

No que la Biblia dice que "se hace árbol", no que "la hacen árbol". Ella va más allá de su naturaleza y aunque está destinada a ser hortaliza, su fe la lleva a cambiar de especie y a convertirse en un árbol. No importa si es un árbol pequeño, lo importante es que trascendió a sus propias fronteras y no se conformó con ser una hortaliza grande.

Además, viene la mejor parte, en sus ramas resistentes y frondosas anidan las aves del cielo. Las bendiciones del Señor anidan en las personas que luchas por sus sueños y crecen en fe como la semilla de mostaza.

Dios siempre hará algo más si usa su fe para creerle y alcanzar grandes cosas para la gloria de Dios y para testimonio de los incrédulos, Confié en Dios Padre y en sus promesas, tenga la humildad de imitar a la semilla de mostaza, tenga la fe para llegar a ser más de lo que piensa, usted tiene un gran potencial que es la fe. Recuerde: *"...Jesús les dijo:... de cierto os digo, que, si tuviereis fe como un grano de mostaza, diréis a este monte; pásate de aquí allá, y se pasará; y nada os será imposible, pero este género no sale sino con oración y ayuno".* (Mateo 17:20-21)

Tenga fe en Dios

Fe en Dios *"Respondiendo Jesús les dijo: Tened fe en Dios"* (Marcos 11:22) Jesús sabía que todos creían, pero les pidió que esa fe fuera puesta en Dios. Su problema no es la falta de fe sino el mal uso que le da a la que ya tiene. El Señor Jesús no les reclamó falta de fe, sino que les pidió que creyeran en Dios. *"Respondiendo Jesús les dijo: Tened fe en Dios. Porque de cierto os digo que cualquiera que dijere a este monte: quítate y échate en el mar, y no dudare en su corazón, sino creyere que será hecho lo que dice, lo que diga le será hecho. Por tanto, os digo que todo lo que pidiereis orando, creed que lo recibiréis, y os vendrá". (*Marcos 11: 22-24)

El Señor puede hacer tanto como tanta fe tengamos. Su obra depende de nuestra fe. Los milagros ocurren y los sueños se alcanzan cuando nuestra fe les abre las puertas. Si tiene fe en que Dios obrará, usted se relaja y deja que tome el control de su vida.

Cuando alguien me pide consejo siempre le digo: ***"Al que cree todo le es posible"***

(Marcos 9:23) Sucederá lo que crea que puede suceder, Dios puede sacarle de la tribulación, si usted cree que Dios lo hará. Dios solo le pide que pueda creer. Muchos creyentes dicen tener fe en Dios, si tuvieran la fe que proclaman, tendrían una vida más gloriosa, más victoriosa, irían de victoria en victoria. Tenemos que ser humildes para pedirle ayuda a Dios y luchar contra la incredulidad. Si le cuesta tener fe, pídale a Dios que refuerce su fe.

"Sobre todo, tomad el escudo de la fe, con que podáis apagar todos los dardos de fuego del maligno. Y tomad el yelmo de la salvación, y la espada del Espíritu, que es la Palabra de Dios". (Efesios 6:17)

Leemos en el libro a los Romanos: *"La fe es por el oír, y el oír la Palabra de Dios".* (Romanos 10:17) lo que nos enseña que la fe se origina y se alimenta de la Palabra de Dios, así que debemos estar expuestos a la Palabra de Dios todo el tiempo porque la fe viene por la Palabra de Dios. Para vivir una vida cristiana victoriosa, debe cuidar que la fe que produce la Palabra de Dios no se ahogue.

Cuide su fe y la Palabra que produce fe, para que alcance las promesas de Dios en su vida.

No deje que se ahogue su fe

"Jesús hizo entrar en la barca a sus discípulos e ir delante de él a la otra orilla, entre tanto que el despedía a la multitud. Despedida la multitud, subió al monte a orar aparte; y cuando llegó la noche, estaba allí solo. Y la barca estaba en medio del mar, azotada por las olas; porque le viento era contrario. Mas a la cuarta vigilia de la noche, Jesús vino a ellos andando sobre el mar. Y los discípulos, viéndole andar sobre el mar, se turbaron, diciendo; ¡un fantasma! Y dieron voces de miedo. Pero en seguida Jesús les hablo, diciendo: ¡Tened ánimo; yo soy, ¡no temáis! Entonces le respondió Pedro, y dijo: Señor, si eres tú, manda que yo vaya a ti sobre las aguas. Y él dijo: Ven. Y descendiendo Pedro de la barca, andaba sobre las aguas para ir a Jesús. Pero al ver el fuerte viento, tuvo miedo; y comenzando a hundirse, dio voces, diciendo: ¡Señor, sálvame! Al momento Jesús extendiendo la mano, asió de él, y le dijo: ¡Hombre de poca fe! ¿Por qué dudaste? Y cuando ellos subieron en la barca, se calmó el viento. Entonces los que estaban en la abarca vinieron y le adoraron, diciendo: Verdaderamente eres Hijo de Dios. Y terminada la travesía, vinieron a tierra de Genesaret. Cuando le conocieron los hombres de aquel lugar, enviaron la noticia por toda aquella tierra alrededor, y trajeron a Él todos los enfermos; y le rogaban que les dejase tocar solamente el borde de su manto; y todos los que lo tocaron, quedaron sanos". (Mateo 14:22-36)

"Sobre todo, tomad el escudo de la fe, con que podáis apagar todos los dardos de fuego del maligno. Y tomad el yelmo de la salvación, y la espada del Espíritu, que es la Palabra de Dios". (Efesios 6:17)

Vemos en la historia que Jesús envió a sus discípulos a la otra orilla, Se fue al monte a orar, al ver que la barca era azotada por una tormenta y los discípulos estaban llenos de miedo y en peligro, Jesús tendió una amplia vía de fe y caminó sobre las aguas para reunirse con sus discípulos. Pedro le pidió como prueba para creerle que lo llevará hasta Él, caminando sobre el agua. Todo iba bien hasta que tuvo miedo y comenzó a hundirse, Jesús lo rescató, pero lo reprendió porque permitió la duda y el temor entraran a su vida.

Pedro obedeció y avanzó cuando Jesús le dijo que caminara hacia Él, aunque luego dudó, demostró su disposición por salir de la barca y aventurarse a lo desconocido, riesgo que los otros once discípulos no se atrevieron a tomar.

No permia que la duda y el temor le detengan en el lugar donde está y le impidan intentar cosas nuevas. Aproveche las oportunidades y de pasos de fe. Pedro experimentó el milagro, aunque a medio camino empezó a hundirse. A nosotros nos pasa igual, iniciamos algo con fe, estamos seguros que Dios nos respaldará, pero en el camino hay cosas que se oponen y sentimos que nos hundimos. Hay cosas que atacan nuestra fe y provocan que perdamos la fe en aquello que Dios dijo y nos impulsó a iniciar una aventura de fe. Debemos aprender a manejar los sentimientos y hacer que la fe prevalezca sobre los sentimientos. Pedro dudó por miedo, por eso Jesús le dijo: "*¡Hombre de poca fe! ¿Por qué dudaste?*". No le preguntó por qué tuvo miedo, sino porqué permitió que su fe fallara.

Leemos en el libro a los Romanos: *"La fe es por el oír, y el oír la Palabra de Dios"*. (Romanos 10:17) lo que nos enseña que la fe se origina y se alimenta de la Palabra de Dios, así que debemos estar expuestos a la Palabra de Dios todo el tiempo porque la fe viene por la Palabra de Dios. Para vivir una vida cristiana victoriosa, debe cuidar que la fe que produce la Palabra de Dios no se ahogue.

El destino de los discípulos era llegar al otro lado, a una ciudad donde había gente necesitada de Dios. Su destino no tiene que ver sólo con usted, sino con todos los que Dios ha planeado que bendiga y acompañe. Cuide la fe y la Palabra de Dios tiene que ver con su familia, amigos y con todos aquellos que Él quiere alcanzar a través suyo. No podemos ver la bendición de forma egoísta. Tome un tiempo para escuchar al Señor y lo que Él desea para su vida. Eso es lo que le sostendrá y le llevará al otro lado.

Cuide su fe y la Palabra que produce fe, para que alcance las promesas de Dios en su vida.

LA FE CORRECTA O EQUIVOCADA

Al principio de este libro examinamos las experiencias de personas reales que Dios guio y utilizó. Analizamos la vida de fe de Pablo, de José, de Jacob y de Pedro, vinos que en algunas ocasiones fueron exitosos y en otras fracasaron completamente. ¿A qué se debió esa diferencia de resultados? A la ausencia o presencia de fe en el momento de tomar decisiones. Por esa razón quiero ayudarle a comprender qué es la fe y qué implica tenerla. Si la aplica en forma personal, tenemos la certeza de que estará mejor equipado para comenzar su propia travesía de fe y poder alcanzar un destino exitoso.

¿Es posible tener una fe equivocada? ¿O con solo creer en algo es suficiente? ¿Qué dice la Palabra de Dios con respecto a la fe?

¿QUE HACE QUE LA FE SEA CORRECTA?

Con tantas voces que oímos y nos piden que confiemos en sus mensajes, ¿cómo podemos saber a quién escuchar? El tema de confiar podría marcar una diferencia si se trata de escoger un consejero financiero o un cardiocirujano. Sería de suma importancia saber seleccionar un paracaídas; y más aún, al decidir qué creer sobre la vida o la muerte.

Que una fe sea correcta o equivocada lo determina su objetico; es decir, en qué o en quién cree.

- La fe correcta no es solo una sensación agradable y segura.
- La fe correcta no es una esperanza ciega, absurda o irracional.
- La fe correcta no es un fin en sí misma.
- La fe correcta no se basa en la imaginación de la persona.

¡que una fe sea correcta o no lo determina el objeto de dicha confianza! Su fe es correcta sí confía en lo seguro, en lo fiel, en lo verdadero.

Durante siglos, la gente ha luchado con este asunto de la fe; se han cometido errores trágicos al confiar en personas y en cosas que fracasaron. Como los pasajeros del Titánica o los seguidores de Jim Jones, el líder de una secta religiosa, muchos han tenido una fe equivocada.

Con mucha frecuencia la gente actúa de esta manera. En numerosas ocasiones, no sabe en qué o en quién confiar.

LA FE EQUIVOCADA

Las personas siempre creen en algo. Sin embargo, como hemos vista en las historias de los personajes al principio de este libro, a menudo ponen su fe en algo equivocado, algo que no merece su confianza ni su lealtad. Aun hoy en nuestra era de conocimientos científicos en rápido crecimiento y de asombrosos logros tecnológicos.

Hoy la gente va en muchas dicciones intentando descubrir lo correcto en lo cual creer. Lamentablemente, suelen terminar poniendo su fe en sí mismo o en sus métodos, o en filosofías y en sistemas de creencias. La fe equivocada es aquella que se apoya en el ser humano. Lo cual es un error porque el ser humano tiene un entendimiento finito, un poder limitado y una naturaleza pecaminosa.

Los credos que se originan en el hombre, depender de él y concluyen también en él, son contrarios a la enseñanza de la Palabra de Dios (la Biblia) Es en la Palabra de Dios donde descubrimos el objeto correcto de la fe. Jesucristo.

CRISTO ES EL OBJETO CORRECTO DE LA FE

Aun desde una perspectiva humana, cuando estuvo corporalmente en la tierra. Él era la clase de persona en quien la gente busca creer; era un maestro sabio; tenía una personalidad y un magnetismo tales que o seguían grandes multitudes; era un hombre de sólidos principios y de carácter impecable; hablaba con autoridad, refutaba a los falsamente piadosos de Su época; era un hombre auténtico, íntegro, paciente y de oración. Era el tipo de persona en quien se puede creer. Pero algo más importante aún: Jesús Cristo constituye el objeto correcto de la fe porque Él es Dios.

LA DEIDAD DE CRISTO

Versículos de la Biblia que dicen que Cristo era Dios.
"En el principio era el Verbo, y el Verbo era con Dios, y el Verbo era Dios".
(Juan 1:1)

"Y aquel Verbo fue hecho carne, y habitó entre nosotros y vimos su gloria como del unigénito del Padre, lleno de gracia y de verdad". (Juan 1:14)

“A Dios nadie le vio jamás; el unigénito Hijo (Jesucristo), que está en el seno del Padre, Él le ha dado a conocer” (Juan 1:18)

“Mas del Hijo (Jesucristo) dice (el Padre); Tu trono, oh Dios, por él siglo del siglo”. (Hebreos 1:8)

Cuando Jesucristo nació, la segunda persona de la eterna Trinidad se hizo hombre. Sin perder Su deidad, adoptó nuestra forma humana. “Haya, pues, en vosotros este sentir que hubo también en Cristo Jesús, el cual siendo en forma de Dios, no estimó el ser igual a Dios como cosa a que aferrarse, sino que se despojó a sí mismo, tomando forma de siervo hecho semejante a los hombres; y estando en la condición de hombre, se humilló a sí mismo, haciéndose obediente hasta la muerte, y muerte de Cruz. Por lo cual Dios también lo exaltó hasta lo sumo, y le dio un nombre que es sobre todo nombre, para que en el nombre de Jesús se doble toda rodilla de los que están en los cielos, y en la tierra y debajo de la tierra; y toda lengua confiese que Jesucristo es el Señor, para gloria de Dios Padre” (Filipenses 2:5-11) Aunque esto es difícil de entender, la deidad de Cristo se enseña claramente en toda las Sagradas Escrituras:

“Porque un niño nos es nacido, hijo nos es dado, y el principado sobre su hombro; y se llamará su nombre Admirable, consejero, Dios fuerte, Padre eterno, Príncipe de paz”. (Isaías 9:6)

“Yo y el Padre uno somos”. (Juan 10:30)

“Felipe le dijo: Señor, muéstranos el Padre y nos basta. Jesús le dijo: ¿Tanto tiempo hace que estoy con vosotros, y no me has conocido, Felipe? El que me ha visto a mí, ha visto al Padre; ¿cómo, pues, dices tú: ¿Muéstranos el Padre? (Juan 14:8-9)

“El es la imagen del Dios invisible, el primogénito de toda la creación”.
(Colosenses 1:15)

“El cual siendo el resplandor de su gloria y la imagen misma de su sustancia, quien sustenta todas las cosas con la palabra de su poder, habiendo efectuada la purificación de nuestros pecados por medio de sui mismo, se sentó a la diestra de la Majestad en las alturas”. (Hebreos 1:3)

Como Cristo es Dios, la fe que se coloca en Él es inconmovible. Considere lo siguiente:

Cristo es eterno "En el principio era el Verbo, y el Verbo era con Dios, y el Verbo era Dios". (Juan 1:1)

"Ahora pues, Padre, glorifícame tú al lado tuyo, con aquella gloria que tuve contigo antes que el mundo fuese". (Juan 17:5)

Cristo es omnisciente

"Ahora entendemos que sabes todas las cosas, y no necesitas que nadie te pregunte; por esto creemos que has salido de Dios". (Juan 16:30)

"Le dijo la tercera vez: Simón, hijo de Jonás, ¿me amas? Y le respondió: Señor, tú lo sabes todo; tú sabes que te amo, Jesús le dijo: Apacienta mis ovejas" (Juan 21:17)

Cristo es todopoderoso

"Respondiendo entonces Jesús, y les dijo: De cierto, de cierto os digo; No puede el Hijo hacer nada por sí mismo, sino lo que ve hacer al Padre; porque todo lo que el Padre hace, también lo hace el hijo igualmente". (Juan 5:19)

Cristo es inmutable

"Jesucristo es el mismo ayer, y hoy, y por todos los siglos". (Hebreos 13:8)

Cristo es omnipresente

"Porque donde están dos o tres congregados en mi nombre, allí estoy yo en medio de ellos". (Mateo 18:20)

"...he aquí yo estoy con vosotros todos los días hasta el fin del mundo".
(Mateo 28:20)

Cristo es el creador de todo

"Porque en Él fueron creadas todas las cosas, las que hay en los cielos y las que hay en la tierra, visibles e invisibles; sean tronos, sean dominios, sean principados, sean potestades; todo fue creado por medio de Él y para Él". (Colosenses 1:16)

Cristo es El sustentador de todo

"El cual siendo el resplandor de su gloria y la imagen misma de su sustancia, quien sustenta todas las cosas con la palabra de su poder, habiendo efectuada la purificación de nuestros pecados por medio de sui mismo, se sentó a la diestra de la Majestad en las alturas". (Hebreos 1:3)

La fe equivocada confía en un objeto finito, inconstante, y cuyo conocimiento y poder son limitados. ¡Vea el contraste es muy evidente!

LA ACTIVIDAD DE CRISTO

La fe en Jesucristo puede crecer cuando uno considera lo que Cristo ha hecho, lo que está haciendo y lo que hará por nosotros.

Por ejemplo:

Cristo tomó forma humana para rescatarnos de la muerte eterna.

"Haya, pues, en vosotros este sentir que hubo también en Cristo Jesús, el cual siendo en forma de Dios, no estimó el ser igual a Dios como cosa a que aferrarse, sino que se despojó a si mismo, tomando forma de siervo hecho semejante a los hombres; y estando en la condición de hombre, se humilló a sí mismo, haciéndose obediente hasta la muerte, y muerte de Cruz". (filipenses 2:5-8)

"Pero vemos a aquel que fue hecho un poco menos que los ángeles, a Jesús, coronado de gloria y de honra, a causa del padecimiento de la muerte, para que por la gracia de Dios gustase la muerte por todos". (Hebreos 2:9)

Cristo vivió como ser humano a fin de darnos un ejemplo a seguir.

"Pues para esto fuisteis llamados; porque también Cristo padeció por nosotros, dejándonos ejemplo, para que sigáis sus pisadas". (1ra. de Pedro 2:21)

"El que dice que permanece en Él, debe andar como Él anduvo". (1ra. Juan 2:6)

Cristo sufrió y murió para liberarnos de la condenación del pecado

"Porque el Hijo del Hombre no vino para ser servido, sino para servir, y para dar su vida en rescate por muchos". (Marcos 10:45)

"De otra manera le hubiera sido necesario padecer muchas veces desde el principio del mundo; pero ahora, en la consumación de los siglos, se presentó una vez para siempre por el sacrificio de sí mismo para quitar de en medio el pecado. Y de la manera que está establecido para los hombres que mueran una sola vez, y después de esto el juicio, así también Cristo fue ofrecido una sola vez para llevar los pecados de muchos; y aparecerá *por segunda vez, sin relación con el pecado, para salvar a los que le esperan".* (Hebreos 9: 26-28)

Cristo resucitó de entre los muertos, para probar así Su victoria sobre la muerte y Su poder para dar vida eterna.

"Y si morimos con Cristo, creemos que también viviremos con Él; sabiendo que Cristo, habiendo resucitado de los muertos, ya no muere; la muerte no se enseñorea más de Él. Porque en cuanto murió, al pecado murió una vez por todas; más en cuanto vive para Dios vive. Así también vosotros consideraos muertos al pecado, pero vivos para Dios en Cristo Jesús, Señor nuestro". (Romanos 6:8-11)

"Mas ahora Cristo ha resucitado de los muertos; primicias de los durmieron es hecho. Porque por cuanto la muerte entró por un hombre, también por un hombre la resurrección de los muertos. Porque, así como en Adán todos mueren, también en Cristo todos serán vivificados". (1ra. Corintios 15:20-22)

Cristo está en el cielo preparando un hogar eterno para aquellos que han puesto su fe en Él.

"En la casa de mi Padre muchas moradas hay; voy, pues, a preparar lugar para vosotros". (Juan 14:2)

Cristo intercede a favor de Sus hijos

"¿Quién es el que condenará? Cristo es el que murió; más aún, el que también resucitó, el que además está a la diestra de Dios, el que también intercede por nosotros".

(Romanos 8:34)

"por lo cual puede también salvar perpetuamente a los que por él se acercan a Dios, viviendo siempre para interceder por ellos". (Hebreos 7:25)

Ahora es el momento de decidir confiar en Cristo, de convertirlo en el objeto de su fe.

¿CUANTA FE NECESITA UNA PERSONA PARA:?

¿Saltar de un avión en paracaídas?

¿Casarse?

¿Subir a una montaña rusa?

¿Convertirse en creyente en Cristo?

En cada uno de estos casos, uno puede sentir temor o confianza hasta cierto grado. Pero ¿son estas emociones indicadoras de la fe? Podría estar aterrorizado y, aun así, decidir saltar en paracaídas desde un avión. O quizá sentirse muy confiado, la fe es más que un sentimiento.

La fe es primordialmente decidir encomendarnos a algo o a alguien con base en la información que disponemos. Esa decisión implica conocer las verdades esenciales, aceptar personalmente como auténticas y valiosos dichas verdades, y comprometerse a actuar conforme a ellas.

Por ejemplo, ¿Cuánta fe necesitaría para cruzar un puente de hamaca para peatones sobre un desfiladero? En primer lugar, reuniría algunos datos básicos para evaluar visualmente la confiabilidad estructural del puente. Y, si concluyera que es seguro, lo cruzaría.

La fe bíblica funciona de manera similar. Primero, debe aprender de la Palabra de Dios, (la Biblia) la información básica sobre Dios, el ser humano, el pecado y Cristo. *"Pedro, abriendo la boca, dijo; en verdad comprendo que Dios no hace acepción de personas, sino que en toda nación se agrada del que le teme y hace justicia. Dios envió mensaje a los hijos de Israel, anunciando el evangelio de la paz por medio de Jesucristo; éste es Señor de todos. Vosotros sabéis lo que se divulgó por toda Judea, comenzando desde Galilea, después del bautismo que predicó Juan: cómo Dios ungió con el Espíritu Santo y con poder a Jesús de Nazaret, y cómo éste anduvo haciendo bienes y sanando a todos los oprimidos por el diablo, porque Dios estaba con Él. Y nosotros somos testigos de todas las cosas que Jesús hizo en la tierra de Judea y en Jerusalén; a quien mataron colgándole en un madero. A éste levantó Dios al tercer día, e hizo que se manifestarse; no a todo el pueblo, sino a los testigos que Dios había ordenado de antemano, a nosotros que comimos y bebimos con él después que resucitó de los muertos. Y nos mandó que predicásemos al pueblo, y testificásemos que Él es el que Dios ha puesto por Juez de vivos y muertos. De éste dan testimonio todos los profetas, que todos los que en Él creyeren, recibirán perdón de pecados por su nombre."* (Hechos 10:34-43)

"Así que la fe es por el oír, y el oír por la palabra de Dios". (Romanos 10:17)

Una vez que reconozca que los datos son ciertos y que exigen una respuesta personal, debe tomar la decisión de creer lo que Dios ha dicho y confiar en Jesucristo como su única esperanza para obtener el perdón y la vida eterna. *"Yo soy la puerta; el que por mí entrare, será salvo; y entrará, y saldrá, y hallará pastos"* (Juan 10:9)

Pero es posible que se pregunte qué cantidad de fe necesito paro poner mi confianza en Cristo como Señor y Salvador. ¿Debe tener una fe en Dios que supere las pruebas de la vida?

Una vez más, la respuesta depende de sí su fe está puesta en el objeto correcto. Cristo les dijo a Sus discípulos que la fe en Dios, aunque fuera del tamaño de un grano de mostaza, sería suficiente para mover una montaña.

"Jesús les dijo: ... porque de cierto os digo, que, si tuviereis fe como un grano de mostaza, diréis a este monte: Pásate de aquí allá, y se pasará; y nada os será imposible". (Mateo 17:20)

".. Sin fe es imposible agradar a Dios; porque es necesario que el que se acerca a Dios crea que le hay, y que es galardonador de los que le buscan". (Hebreos 11:6)

El libro base de la fe cristiana es la Biblia, La Santa Palabra de Dios.

"Es, pues, la fe la certeza de lo que se espera, la convicción de lo que no se ve. Porque por ella alcanzaron buen testimonio los antiguos. Por la fe entendemos haber sido constituido el universo por la palabra de Dios, de modo que lo que se ve fue hecho de lo que no se veía. Por la fe pasaron el Mar Rojo como por tierra seca; e intentando

los egipcios hacer lo mismo, fueron ahogados. Por la fe cayeron los muros de Jericó después de rodearlos siete días. Por fe conquistaron reinos, hicieron justicia, alcanzaron promesas, taparon bocas de leones, apagaron fuegos impetuosos, evitaron filo de espada, sacaron fuerzas de debilidad, se hicieron fuertes en batallas, pusieron en fuga ejércitos extranjeros" (Hebreos 11: 1-3, 29-30, 33-34)

Recuerde, para determinar su destino eterno, es muy importante que ponga su fe en la persona correcta. Si ha puesto su fe en Jesucristo, ¡puede saber con seguridad que tiene la fe correcta!

PARA EL QUE CREE TODO ES POSIBLE

EL DESAFÍO DE LOS RECURSOS

Lo que complace a Dios es la fe, lo que agrada a Dios es la fe. *"sin fe es imposible agradar a Dios"* (Hebreos 11:6) DE TODOS LOS DESAFÍOS QUE HE EXPERIMENTADO EN MI VIDA Y EN EL MINISTERIO, para el que yo no estaba preparado, es lo que he llamado "El desafío de los recursos", Aprendí de la manera más difícil que, a menos que estuviera dispuesto a ser el PRINCIPAL RECAUDADOR DE RECURSOS, nuestra nueva Iglesia Roca Fuerte tendría corta vida. Se moriría por falta de dinero. Al comenzar la Iglesia Roca Fuerte, de la noche a la mañana fui forzado a enfrentar una severa realidad: No teníamos instalaciones, no teníamos equipo de ministerio, de sonido, no teníamos presupuesto para el ministerio, no teníamos salario. Pero aún peor, no había con quien quejarme. Mi romance de construir una Iglesia me había enceguecido a la dura realidad de conseguir recursos para ese propósito.

Para complicar la situación, habíamos hecho invitaciones y volantes publicando el lugar de reunión, habíamos formado el ministerio de música y alabanza, Shalom. Solo me tomo un momento darme cuenta que necesitábamos una fuerte inyección de dinero, y la necesitábamos rápido.

Rechazando un ataque de pánico, encontré una hermana, le platiqué la situación,

Ella y su hermana consanguínea se ofrecieron a hacer tamales, mil tamales estaban listos para el fin de semana, desdichadamente, pasé por alto que, en cada esquina, en cada entrada a un supermercado, en Cancún, Quinta Roo, venden tamales y muchas familias hacían tamales. Terminamos vendiendo nuestros tamales a tres por uno. Pensé chocolates, busque inmediatamente donde comprarlos, mande hacer una envoltura según yo muy atractiva, y a precio accesible, no tuvimos el dinero esperado y tuvimos postre de chocolate por varios meses. Aun así, ganamos varios miles de pesos y resolvimos nuestros problemas económicos por casi una semana.

Recuerdo haber ido a la cama pensando: no podemos vender tamales todos los sábados y chocolates todos los domingos, y no creo que desaparezca este desafío de obtener dinero. Mejor es que descubra lo que en verdad significa ser un RECAUDADOR DE RECURSOS, esa noche oramos mi esposa y yo, clamamos al Señor, la lucha fue dura, tuve ataque de pánico. Sobrevivíamos a duras penas, nos metíamos en un lio tras otro para luego suspirar y decir: "gracias Señor, por librarnos nuevamente". Me preguntaba: ¿Será que todo será así?

El Ministerio exige recursos adecuados y la manera de tener recursos suficientes es aprovechas la provisión divina. Me llamaba la atención, la situación desesperante de la viuda en 2 Reyes 4. Tenía un poco de aceite nada más. Los acreedores la acosaban para que vendiera a sus hijos como esclavos para que pagara lo que les debía. El profeta Eliseo la animó a que consiguiera cuanto frasco pudiera encontrar para echar ese poquito de aceite en cada uno de los frascos. ¡Fue entonces cuando sucedió! El poder milagroso de Dios mantuvo el aceite fluyendo hasta que todos los frascos se llenaron.

¿De dónde vino el aceite? ¡Del mismo lugar de donde vinieron los panes, los peces, el vino, el maná y miles de cosas más que Dios ha enviado a su pueblo necesitado! Dios simplemente proveía de su almacén lo que es visible para Él y no para su pueblo. ¡Si siempre pudiéramos ver por medio de la fe las reservas infinitas de Dios! Las enormes provisiones divinas están a mi disposición si solo las pido y las busco con fe. Dios mío, quiero creer de verdad, porque así podré luchar y triunfar y no apenas medio existir. Dios ha determinado que disfrutemos de Sus riquezas en gloria: *"Mi Dios, suplirá todo lo que os falta conforme a sus riquezas en gloria en Cristo Jesús".* (Filipenses 4:19) Según nuestra fe. *"Entonces Jehová Dios dijo a Abraham: ¿Por qué se ríe Sara diciendo: ¿Realmente he de dar a luz siendo vieja? ¿Acaso existe para Jehová Dios alguna cosa difícil?"* (Génesis 18:13-14)

RECUEDOS DE FALTA DE DINERO.

La mayor parte de los recuerdos de mi pastorado en Roca Fuerte, a finales de 1907, tiene que ver con el intento de enfrentarme a la falta de recursos de Roca Fuerte. Después de una celebración dominical en que habíamos recibido una ofrenda muy baja, las presiones económicas fueron más de lo que yo podía soportar. Con ese problema pesando fuertemente sobre mí, fui hasta una carpa que usábamos para enseñar a los niños y en la escuela dominical, y noté que hermanos voluntarios estaban usando demasiado jabón y demasiado cloro, y demasiada agua. ¿No saben cuánto cuesta esto? Estalle.

Reuní a todos los hermanos y hermanas voluntarios y les hice saber: Hermanos, saben que están desperdiciando el cloro, el jabón, y el agua. De hoy en adelante les pido a cada uno de ustedes que economice, no tenemos dinero. Luego demostré mi idea ahorrativa frente a ellos tan dramáticamente como me fue posible.

Aún recuerdo sus expresiones de asombro. Alguien refunfuño: "Está bien, está bien", seguramente pensaron que yo había perdido el juicio.

Otro recuerdo de aquellos días. comprábamos lo más barato que encontrábamos, papel higiénico para la congregación, jabón para manos, insumos para el aseo para el lugar de reunión, papel bond para el boletín, así como los refrigerios que se ofrecían después de las reuniones.

PRESIONADO Y EN BANCAROTA

ALGO QUE COMPLICO nuestro desafío de los recursos económicos en Roca Fuerte fue que teníamos estudiantes de secundaria, y un grupo considerable de jóvenes de la Casa Hogar para Niños Esperanza, no tenían ingresos, por lo que disponíamos de mucho tiempo y energía, pero no de dinero. Yo sabía que sí no empezábamos a traer algunos adultos auténticos que tuvieran ingresos razonables, iríamos al fracaso. Entonces empezamos a orar fervientemente con mi esposa y en las reuniones de oración por esto.

Cada semana estábamos a una semana de la ruina económica, ninguno de los colaboradores ganaba un salario, ya dimos todos nuestros ahorros me dijo un hermano voluntario, no sé cuantas semanas más podremos mantener las puertas abiertas, le respondí. -Creo que puedo ayudarle con este problema, – me dijo, con una sonrisa de confianza --, nunca he dado nada a ninguna iglesia, pero ayudaré. Se lo enviaré, me prometió.

La siguiente semana viví cada día con gran expectativa. Cerca del fin de semana, llegó, un tráiler lleno de blocks. El desafío de los recursos económicos me estaba presionando hasta el punto de la quiebra.

UNA CUESTA NECESARIA DE APRENDIZAJE

FUI FORZADO A afrontar el hecho de que, desde el punto de vista humano, el pastor es el responsable de recaudar y asignar los recursos económicos para toda la Iglesia, Recaudar dinero para los programas de los diferentes ministerios, para los servidores, y también para su familia.

Para los que no están preparados para recaudar dinero, como son la mayoría de los pastores, esta es una realidad desalentadora.

Mi amiga y consierva en la obra del Señor; la Dra. Victoria Gritter me preguntó una vez, en una de sus visitas a casa y a la iglesia, ¿cuánto ministerio pensaba yo que podía hacer con mil pesos? Supuse que ella estaba esperando una respuesta teológica profunda, pero antes de que yo pudiera pensar en una respuesta, ella misma contestó. "puedes hacer más o menos lo que valen mil pesos" simplemente estaba diciendo que un ministerio fructífero necesitaba dinero.

Puede ser todo lo teológico que usted sea, pero la iglesia nunca alcanzará su total potencial redentor hasta que el dinero comience a fluir hacia ella. Y esté de acuerdo o no conmigo, es trabajo del pastor recaudar ese dinero, y administrarlo sabiamente.

Mi meta en el resto de este capítulo es ayudar a pastores y líderes a desarrollar la fe y las técnicas que se requieren para convertirse en el PRINCIPAL RECAUDADOR DE RECURSOS, Comenzaré con algunas verdades bíblicas básicas que cada uno debe entender para tener éxito como el PRINCIPAL RECAUDADOR DE RECURSOS.

VERDAD BIBLICA No. UNO:
DIOS ES NUESTRO MÁXIMO PROVEEDOR DE RECURSOS.

El Salmo 50:12 Dios dice: *"Si yo tuviese hambre, no te lo pediría a ti; Porque mío es el mundo y su plenitud".* En otras palabras, los recursos de Dios son ilimitados. Muchas veces caemos en la trampa de creer que algunas personas en la iglesia son los proveedores de recursos. No es así. Las personas son los conductos de la provisión de Dios, pero no son finalmente responsables de ella. Solo Dios controla el fluir del dinero que se necesita.

Debemos tener fe y entender que Dios no solo es capaz de ayudar, sino que de veras anhela hacerlo. Recuerde que la iglesia es la novia de Cristo. La iglesia es Su regalo al mundo. Nadie más que Dios quiere ver una iglesia con los recursos necesarios.

Aprendí esta lección en un momento crítico en el estacionamiento de Roca Fuerte, a finales del año 2004 y principios del 2005, después de huracán Wuilma que destruyo la carpa (como la de un circo) donde celebrábamos las reuniones de adoración y estudios bíblicos. Fue volver a empezar. Estábamos metidos en un enorme proyecto de millones de pesos para el pago del terreno y para la construcción del templo de Roca Fuerte. En un acto de fe radical nos habíamos comprometidos con millones de pesos, más allá de nuestro presupuesto, la gente había dado prácticamente todo lo que tenía para dar.

Exactamente, cuando yo creía que las cosas no podían empeorar, se fueron varios miembros de Roca Fuerte, que amaban al Señor, y apoyaban el ministerio de Roca Fuerte, El huracán Wuilma los había dejado sin trabajo, Allí fue cuando tuve que definir, de una vez por todas, la diferencia entre el conducto y la máxima fuente de la provisión. Sí, fue una gran tragedia perder a nuestros hermanos donantes. Me di cuenta que el hecho de que estas familias se hayan ido, no significaba que Dios también se había ido. Dios nos había llamado a comenzar una iglesia para alcanzar gente perdida, y todo en mi espíritu me decía que Dios estaba todavía con nosotros y nos seguía animando. El Seguía siendo nuestro máximo proveedor. Simplemente teníamos que seguir moviéndonos en fe y por fe.

Le dije a los miembros nerviosos de la directiva y a la iglesia que Dios todavía estaba en Su trono, y que todavía tenía abundancia, y que estaba viendo nuevos conductos por medio de los cuales enviarnos los dineros que necesitábamos.

En los meses siguientes a esa crisis de fe que viví, tuvimos el privilegio y la bendición de ver obrar a Dios de una manera poderosa a nuestro favor. Lecciones que no he olvidado. Los pastores y líderes dormirán mejor en la noche cuando establezcan firmemente este principio de fe fundamental. El máximo proveedor de los recursos que necesitamos, es el Dios que quiere ver victoriosa Su iglesia, mucho más de lo que nosotros queremos. Y Él tiene abundancia.

VERDAD BÍBLICA No. DOS.
DE LOS RECURSOS: BAJO CIRCUNSTANCIAS CORRECTAS, A LA GENTE LE GUSTA DAR.

EL PRINCIPAL RECAUDADOR DE RECURSOS debe creer por fe que la gente está predispuesta a dar. La hipótesis de que las personas son codiciosas, avaras y detestan dar, si pensamos eso y creemos eso, conducirá inevitablemente a dinámicas destructivas. Eso hiere a las personas y con el tiempo, destruye a la iglesia. Creo firmemente que, si a la gente correcta se le presenta la correcta oportunidad del reino, de la manera correcta y en el momento correcto, el resultado será una lluvia de apoyo alegre y generoso.

Siempre he intentado abordar los esfuerzos de recaudación de dinero en Roca Fuerte con fe, y desde una perspectiva positiva, tratando a las personas con dignidad. Defino mi meta de recaudar dinero así: Ofrecer a la gente maravillosa, oportunidades maravillosas para invertir en el reino de Dios, ¿Quién puede discutir un enfoque como como este?

VERDAD BIBLICA No. TRES:
DE LOS RECURSOS: LOS DESAFÍOS FINANCIEROS PRUEBAN EL CARÁCTER DEL PASTOR O LIDER.

Hay tremendos beneficios espirituales asociados al tener que enfrentar desafíos financieros. Nada profundizó mi confianza en la bondadosa gracia y poder de Dios que obra milagros, como las presiones financieras que enfrentamos cada semana. No subestimemos el valor del crecimiento espiritual que tendrá lugar en usted y en su iglesia al abordar los desafíos de recursos.

LOS BENEFICIOS DE RESISTIR TIEMPOS DE PRUEBA

Cuando Mi esposa y yo comenzamos la Iglesia Roca Fuerte, no teníamos dinero. La congregación no pudo pagarme sueldo por varios años, nunca dejamos de comer, gracias a los donadores de casa Hogar para niños, que ocasionalmente se sentían inspirados por Dios que nos decían esta bolsa de comida es para ustedes. Teté y yo nunca antes habíamos estado en una relación de total dependencia de Dios en cuanto al dinero y a las necesidades diarias. Una navidad durante este periodo de prueba, un matrimonio que el esposo ganaba menos del salario mínimo, me entregó un sobre insistiendo que recibiera ese dinero y que lo usáramos mi esposa y yo. Por primera vez experimenté en persona el testimonio de Hechos dos, de interdependencia en la familia de Dios, y algo más importante, esto derritió mi orgullo.

En esos días de escasez descubrí que la fidelidad de Dios es total, maravillosa y sistemática. Dios es el máximo guardador de promesas. No creo que la convicción se hubiera podido forjar en mí de otro modo. La escasez puede producir un asombroso fruto espiritual.

Cuando enseño sobre la veracidad de la providencia de Dios, aún recuerdo a aquellos años de lucha. Esa época hizo que la fidelidad de Dios fuera para mi más que una teoría.

En esos días difíciles, la congregación de Roca Fuerte estaba aprendiendo esas lecciones junto a mí. Orábamos juntos como nunca antes lo habíamos hecho. Nos reuníamos en los hogares. Ayunábamos. Varios quedamos completamente sin dinero. Para la compra del terreno y para la construcción del templo de Roca Fuerte, las personas entregaron alhajas, relojes, monedas antiguas, objetos usados, aparatos electrónicos usados, se puso un bazar, una fiel hermana lo administro, cada semana había algo de dinero, y llegamos a estar más unidos que nunca.

El 16 de Mayo de 1910 tuvimos el primer culto en el nuevo templo propiedad de Roca Fuerte. Antes de la reunión invité a los principales miembros que habían sacrificado mucho, y habían confiado totalmente en Dios, a reunirnos en el templo antes de abrir las puertas al resto de la congregación. Nunca olvidaré esa escena. Reunidos en grupos pequeños, con los brazos unidos unos a otros llorando como bebés. Dios había hecho posible lo imposible. Por su poder sobrenatural había movido la montaña de los recursos. Nunca más volveríamos a ser los mismos.

Repito nada prueba más el temple del pastor o lider y miembros de iglesias que el desafío de recursos. Por consiguiente, en vez de buscar soluciones rápidas que le saque de apuros. Los líderes deben aceptar de buena gana, con valor, con fe y con esperanza el desafío de los recursos. Debemos permitir que las presiones de la escasez nos enseñen todo lo que podamos aprender acerca de Dios, de nuestra gente y de nosotros mismos.

Con estas verdades bíblica básicas establecidas, veamos los cinco principios Bíblicos de administración para la recaudación y distribución de recursos. Cincuenta y seis años de experiencia en el ministerio, y de observar a otros pastores, me han convencido que quienes practican estos cinco principios ven un caudal de recursos que fluye en la iglesia local, para la gloria de Dios y para el extendimiento de Su Reino.

LOS RECURSOS
NUMERO UNO 1.- EL PRINCIPIO DE LA EDUCACIÓN

Muchos líderes suponen que todos los que llegan a la iglesia conocen la mente de Dios con relación a los asuntos económicos. La verdad es que la mayoría de las personas no tienen idea de los principios básicos de la administración financiera cristiana. Es necesario que líderes y maestros eduquen a sus congregaciones antes de esperar que ellas honren a Dios con su dinero y a la larga se emocionen con el financiamiento de la iglesia.

Sugiero que pastores y maestros de la iglesia den cada año una serie de estudios o enseñanzas de mayordomía, una serie sobre los principios bíblicos de administración del dinero para la recaudación y distribución de recursos.

En estas platicas de mayordomía debemos explicar que, según la Biblia, ganar dinero es algo bueno, meterse en deudas excesivas no lo es. Enseñar que los seguidores de Cristo estamos llamados a vivir de acuerdo a nuestras posibilidades, y a darle a Dios el diez por ciento de nuestros ingresos para la obra de Dios en Su Iglesia, y dar en sacrificio a los necesitados como les inspire el Espíritu Santo.

La mayoría de las personas no tienen idea del dolor por la mala administración económica. Si amamos a nuestra gente, deberíamos educarlos e inspirarles hacia la libertad financiera. Es injusto de nuestra parte esperar que personas cuyas finanzas son la causa de dolor, frustración y sufrimiento sean los conductos de los recursos de Dios.

LOS RECURSOS

NUMERO DOS. EL PRINCIPIO DE LA INFORMACIÓN

Uno de nuestros errores más grandes es fallar en dar adecuada información a la gente de la iglesia.

En una ocasión, cuando estábamos atrasados en nuestro presupuesto semanal, no veíamos esperanza de sobrevivencia financiera para la iglesia, ni para mí, ni para mi esposa y mi familia. Le dije a la iglesia después de la predicación, no puedo manejar más las presiones económicas de la iglesia -dije- algo tiene que cambiar porque financieramente nos estamos yendo a pique y parece que a nadie le importa. Baje de la plataforma. En pocos segundos estaba rodeado de por lo menos 20 personas.

-No lo sabíamos -decían -¿Por qué no nos lo dijo? Amamos la iglesia y queremos ser parte de la solución, estas personas verdaderamente preocupadas hacían preguntas acerca de la condición económica de la iglesia.

¿Cuánto debe ser la ofrenda semanal?
¿En que se usa el dinero?
¿tiene la iglesia un presupuesto?

Ese día recibí un curso intensivo de El Principio de la Información. La gente quiere saber, merecen saber. No pueden ayudar a menos que sepan. Desde entonces he decidido poner todo frente a la iglesia, todo. En Roca Fuerte hemos concluido que no hay ninguna buena razón para andar con secretos acerca de las ofrendas, Así que tenemos la política de libros absolutamente abiertos y una total divulgación de las finanzas. ¿Por qué? Porque todo lo que no sea la total divulgación tiende a crear sospechas, y nada cierra la tubería del recurso más rápidamente que la sospecha. Si no hay nada que ocultar. ¿Por qué andar con secretos? ¿Por qué no hacer constar todo? En Roca Fuerte no hay ni una sola cosa de la cual avergonzarnos, nada que necesitemos mantener en oculto.

LOS RECURSOS
NUMERO TRES. EL PRINCIPIO DE HACER LAS COSAS SIMPLES

La experiencia me ha enseñado que el archienemigo de la recaudación de fondos es la complejidad, Por experiencia he visto que la complejidad en la recaudación de fondos es una de las maneras más eficaces de confundir a la gente. No solo es confuso, también fomenta la percepción de que la iglesia siempre está pidiendo.

La gente de Roca Fuerte solo debe saber y entender la ofrenda semanal real. Cada semana en el boletín semanal publicamos la cantidad real de la ofrenda. Anterior. De esa manera cada miembro puede comprobar exactamente cómo vamos.

La segunda clase de cantidades que la gente de Roca Fuerte necesita seguir es el desafío de fin de año, cuando presentamos a la iglesia las necesidades especiales de la iglesia y templo, es cuando pedimos a la congregación que dé en sacrificio. Durante este desafío anual presentamos una meta financiera específica, y cada semana mantenemos a la congregación informada de nuestro progreso para conseguirla. Cuando se trata de finanzas, la complejidad mata.

LOS RECURSOS
NUMERO CUATRO. EL PRINCIPIO DE "A TODO EL QUE SE LE HA DADO MUCHO, SE LE EXIGIRÁ MUCHO" (San Lucas 12:48)

"A todo el que se le ha dado mucho, se le exigirá mucho" (Lucas 12:48b)

Cada pastor o líder tiene que decidir cómo se ha de relacionar con la gente que goza de excelentes recursos. Con los años, mi método ha sido relacionarme con personas
de dinero y desafiarlas a meterse en el plan de Dios. Si están lejos de Dios, trato de guiarlas a una relación salvadora con Jesucristo. Sin son inmaduros espiritualmente, trato de ayudarlas a crecer. Si están solos, o solas los animo a unirse a un grupo pequeño de la iglesia para que experimenten la comunión cristiana. Si se han alejado trato de ayudarles a descubrir sus dones espirituales, para que puedan llegar a estar completamente engranados en el trabajo de la iglesia. Trato de discípularlos. Les recuerdo las palabras de Jesucristo que dice: "A todo el que se le ha dado mucho, se le exigirá mucho" (Lucas 12:48b)

Mi mensaje a los cristianos con dinero ha sido que, tienen una gran responsabilidad con el dinero. Si son receptivos, les continúo explicando lo que significa dar, pocos comprenden las consecuencias de dar al reino de Dios en este mundo. Romanos 12:8

Los pastores o líderes espirituales deben ponerse ante las personas con dinero que tienen el don de dar, y decirles: "Dios le dio este don por una razón, Tu eres responsable por el desarrollo y la total utilización de ese don, como lo soy yo con los dones que Dios me dio."

Hace algunos años hablé con un hombre de Roca Fuerte, inspirado por el Espíritu Santo le pregunté si estaba desarrollando su don de dar. Le dije que yo vivo con un sentimiento de responsabilidad casi abrumador por los tres dones que Dios me ha dado. Pastor, evangelista y enseñanza. Le explique cuánto deseo escuchar el elogio de Dios. "bien buen siervo" Entonces le hice el desafío, le pregunté si estaba listo para tomar su don espiritual de dar.

El hombre acepto el desafío y comenzó a dar, dio el piso del templo la colocación y materiales. Otro hombre de negocios dio el piso del estacionamiento, la colocación y los materiales. Siempre les agradezco por tomar en serio su don.

Una de las funciones de los pastores o líderes espirituales es ayudar a quienes tienen el don espiritual de dar, a participar en el reino de Dios y a entender que son responsables ante Dios por "Lo mucho que se les ha dado"

Las personas que han sido discipulados y desafiadas a usar sus dones de dar, pueden hacer una gran diferencia al reino por el resto de sus vidas.

Hay muchas personas con el don de dar que se mueren por encontrar una oportunidad de dar para algo en lo que ellos de verdad creen. Todo lo que los detiene es que nunca han sido discipulados, nunca han sido invitados a entrar en el reino de Dios, nunca han sido desafiadas a tomar su don seriamente.

LOS RECURSOS:
NUMERO CINCO. EL PRINCIPIO DE LA VISIÓN EN ACCIÓN

Muy pocas personas son apasionadas para pagar recibos de electricidad, surtir de nuevo los materiales de limpieza, o gastos de mantenimiento. Desean saber que su dinero duramente ganado se usará para financiar un ministerio auténtico. Mi Esposa dio todo el dinero con gran gozo y entusiasmo, para la compra del transformador que hasta hoy está dando servicio en Roca Fuerte, ¿Por qué? Porque estaba genuinamente emocionada acerca del bien que su regado haría a Roca Fuerte. Su única frustración fue no poder dar más. Ese es el principio de la visión en acción.

Las personas no dan a organizaciones o a otras personas dan para visiones. Cuando los pastores o líderes espirituales entienden esto se toman el tiempo de pintar cuadros para las personas, y las ayudan a imaginar el bien para el reino de Dios que resultará de sus esfuerzos colectivos, las personas se sienten libres de dar con gozo sus recursos. Generalmente, cuando más grande es la visión, mayor es la dadiva.

Desafié a un grupo de creyentes hombre y mujeres a ayudar a la construcción del Templo de Roca Fuerte, como no estaban empapados del ministerio de Roca Fuerte, se tomaron el tiempo para preguntar qué haríamos con sus dineros. Durante el almuerzo les di nuestra visión. Queremos tener un templo para discipular, capacitar y para alcanzar el total potencial redentor –les dije—queremos estableces misiones, para que puedan alcanzar a los perdidos en sus comunidades y guiarlos hacía la madurez espiritual, Hasta mi último suspiro quiero ayudar a la novia de Cristo a llegar a ser una fuerza contra la cual las mismas puertas del infierno no pueden prevalecer.

--Es grandioso dijeron! Cuando deje de hablar tenían los ojos muy abiertos. Puedes apostar tu vida a que es así – respondí—Necesitamos su participación para hacer realidad esta visión. ¿Orarán para saber si Dios quiere que nos ayuden? Pidieron que oráramos en ese momento, oramos y Dios inspiró a respaldar nuestra visión con algunos de sus recursos, dos meses después teníamos 12 creyentes llenos de gozo, amor, que había pagado su boleto de avión, compra y colocación de viguetas, bovedillas cemento, y otros materiales, trabajaron incansablemente por diez días, alcanzando la meta que se fijaron.

A la gente le gusta dar para visiones convincentes, visiones grandes que honran a Dios y que prometen influir significativamente en este mundo. Así que cuando este recaudando dinero para la iglesia local, haga saber a las personas que están construyendo algo que representa la esperanza del mundo. Proyecte visiones emocionantes, exigentes que honren a Dios. Luego ore a Dios y esté preparado porque darán más de lo que usted cree.

Para cerra quiero compartirles lo siguiente. Los varios años que he sido pastor de la Iglesia Roca Fuerte. En los primeros años de la iglesia no podían pagarme, creo que eso les quebrantaba el corazón, al fortalecer la iglesia sus finanzas, comenzaron a compensarme con mucho gozo con un salario.

Pastores, Líderes, no huyan del desafío de los recursos, dejen que Dios estire su fe por causa de Él. Muchos recursos serán derramados en la iglesia local, para que la obra de Dios pueda florecer y darle la gloria a Dios.

COMO FORTALECER SU FE

"Hubiera yo desmayado; si no creyere que veré la bondad de Dios en la tierra de los vivientes". **(Salmo 27:13)**

David dijo en el Salmo 27:13 yo hubiera caído, yo hubiera sido tirado al suelo, yo hubiera sido la víctima y no victorioso, yo hubiera sido el hazme reír o la estadística, yo a pesar de que alabo a Dios, a pesar de que sirvo a Dios, yo hubiera sido una víctima, sino hubiese sido por una sola cosa, "porque he tenido fe"

Si usted puede creer, Satanás no puede contra usted, si puede creer. David dijo yo creí y por eso no caí, por eso no he sido derrotado, porque he creído, si hay un cristiano lleno de fe, es un cristiano que no puede ser derrotado, el enemigo lo va a intentar, pero no va a tener éxito, David dijo: *"Hubiera yo desmayado, si no creyese que vera la bondad de Jehová en la tierra de los vivientes".* (Salmo 27:13)

Nadie está excepto de un ataque de Satanás, Satanás está hambriento de destruir a un cristiano, pero cuando el Diablo viene con todos sus darnos y encuentra un hombre o una mujer con el escudo de fe, Satanás va a tratar, pero no va a poder.

la fe tiene el poder de mantenerle en victoria. *"Hubiera yo desmayado, si no creyese que vera la bondad de Jehová en la tierra de los vivientes".* (Salmo 27:13)

Por la fe vencemos al mundo *"Porque todo lo que es nacido de Dios vence al mundo; y esta es la victoria que ha vencido al mundo, nuestra fe."* (1 Juan 5:4)

Juan no dijo que fue por su intelecto doctrina, o que fue por sus recursos, etc., Juan dice que fue por la fe, si usted va a triunfar es por la fe, es la fe la que le va a dar la victoria en su matrimonio, en su familia, en su negocio, en su trabajo, amigos y hermanos en la fe, todo tiene que ver con nuestra fe, todo lo que usted necesita es creer las promesas de la Palabra de Dios.

Los hombres y las mujeres que triunfan son capaces de creer la Palabra de Dios por absurdas que parezcan, ¡Aleluya! no importa que tan absurda sea la Palabra de Dios, ¡Créala! no importa si sus hijos no creen, la Biblia dice: *"Cree en Él señor Jesucristo, y serás salvo, tú y tú casa".* (Hechos 16:31) Sus hijos vendrán y le darán su vida al Señor. Jesucristo le dijo a Marta: *¿No te he dicho que, si crees, verás la gloria de Dios?* (Juan 16:31)

La fe que David tenía era una fe que fue probada con fuego, los primeros versículos del Salmo 27 componen la estructura de la fe de David.

Cualquier crisis importante en su vida tiene el potencial de sacudir su fe. Pero lo contrario también puede ser cierto. Si lo deja, su fe puede llevarle a través de una crisis.

El rey David sufrió una gran pérdida, incluyendo la pérdida de un niño. Después de estas crisis en su vida, escribió en Salmos 27:13: *"Me habría desesperado a menos que hubiera creído que vería la bondad del Señor en la tierra de los vivos"* En los tiempos más oscuros de David, sólo su fe en la bondad de Dios lo mantuvo de pie.

Lo mismo puede ser cierto para usted. Incluso cuando la vida se siente insoportable, crea que Dios es bueno. Incluso cuando todo va mal, crea que la bondad de Dios puede sacarle adelante. Crea que el plan de Dios para su vida es mayor que el problema por el que está pasando.

¿Cómo consigue ese tipo de fe? Puede obtenerlo de la Palabra de Dios

Si conoce bien la Biblia, va a tener mucha fe. Si conoce un poco la Biblia, va a tener un poco de fe. Si no conoce la Biblia en absoluto, no va a tener ninguna fe. "Porque la fe viene por el oír, y oír la Palabra de Dios." (Romanos 1:17)

¿Sabía que hay más de 7.000 promesas en la Biblia? Pero no puede reclamarlas si no las conoce. Si quiere aumentar su fe para que seas capaz de manejar los vientos ásperos de la vida, conozca la Biblia a través del estudio, la meditación y la memorización.

Entonces, a medida que crece su fe en la bondad de Dios, puede compartir su fe con sus amigos cuando están pasando por una crisis.

LA POBREZA DE LA FE CONDICIONAL

"Salió, pues, Jacob de Berseba, y fue a Harán, y llegó a un cierto lugar, y durmió allí, porque ya el sol se había puesto; y tomó de las piedras de aquel paraje y puso a su cabecera, y se acostó en aquel lugar. Y soñó: y he aquí una escalera que estaba apoyada en tierra, y su extremo tocaba en el cielo; y he aquí ángeles de Dios que subían y descendían por ella. Y he aquí, Jehová estaba en lo alto de ella, el cual dijo: Yo soy Jehová, el Dios de Abraham tu padre, y el Dios de Isaac; la tierra en que estás acostado te la taré a ti y a tu descendencia. Será tu descendencia como el polvo de la tierra, y te extenderás al occidente, al oriente, al norte y al sur; y todas las familias de la tierra serán benditas en ti y en tu simiente. He aquí, yo estoy contigo, y te guardaré por dondequiera que fueres, y volveré a traerte a esta tierra; porque no te dejaré hasta que haya hecho lo que te he dicho. Y despertó Jacob de su sueño, y dijo: ciertamente Jehová está en este lugar, y yo no lo sabía. Y tuvo miedo, y dijo: ¡cuán terrible es este lugar! No es otra cosa que casa de Dios, y puerta del cielo. Y se levantó Jacob de mañana, y tomó la piedra que había puesto de cabecera, y la alzó por señal, y derramó aceite encima de ella. Y llamó el nombre de aquel lugar Betel, aunque Luz era el nombre de la ciudad primero. E hizo Jacob voto, diciendo; Si fuere Dios conmigo, y me guardare en este viaje en que voy, y me diere pan para comer y vestido para vestir, y si volviera en paz a casa de mi padre, Jehová será mí Dios. y si esta piedra que he puesto por señal, será casa de Dios; y de todo lo que me diere, el diezmo apartare para ti." (Génesis 28:10-22)

Debemos cuidarnos de tener una fe que dependa de determinadas condiciones. Cuando Jacob huyó de la casa de sus padres por las amenazas de su hermano Esaú, Dios lo busco en Betel y le prometió la tierra de Canaán a él y a sus descendientes, tal como se lo había prometido a su abuelo Abraham. (Génesis 28:10-17)

Al día siguiente, Jacob le hizo a Dios una promesa condicional (Génesis 28:20-22)

	Está conmigo (versículo 20)
	Me guarda durante este viaje que realizo (versículo 20)
Si Dios	me da pan para comer (versículo 20)
	Me da vestido para vestir (versículo 20)
	Me regresa en paz a la casa de mi padre (versículo 21)

	Jehová será mi Dios (versículo 21)
ENTONCES	Esta piedra será una casa de Dios (versículo 22)

Apartaré el diezmo de todo lo que me dé (versículo 22)

La debilidad de la fe de Jacob es todavía más evidente a la luz de la promesa incondicional que Dios le hiciera el día anterior, la fe condicional es cautelosa y limitada. Demanda evidencia antes de entregar fe, confianza en Dios. Pablo dice: "Porque los judíos piden señales (para creer) (1ra. Corintios 1:22)

No somos mejores si le exijo a Dios mostrarse digno de mi confianza, de mi fe para creer en Él.

Una de las declaraciones más tristes del Nuevo Testamento es la del padre del niño poseído por el demonio: *"Muchas veces le echa en el fuego y en el agua, para matarle; pero si puedes hacer algo, ten misericordia de nosotros, y ayúdanos. Jesús le dijo: Si puedes creer, al que cree todo le es posible."* (Marcos 9: 22-23)

Jesús establece la fe como condición, para que Dios nos oiga, y nos responda, se manifieste.

No puede reprochar a Dios por los milagros de que **no hizo**, sólo puedo culparme a mí mismo por limitar a Dios por mi falta de fe. *"¿Por qué quitaré yo mi carne con mis dientes, y tomaré mi vida en mi mano? He aquí, aunque el me mataré, en el esperaré; No obstante, defenderé delante de él mis caminos."* (Job 13:14-15)

Ejemplo de la fe de Habacuc: *"Aunque la higuera no florezca, ni en las vides hay fruto, aunque falte el producto del olivo, y los labrados no den mantenimiento. Y las ovejas sean quitadas de la majada, y no haya vacas en los corrales; con todo, yo me alegraré en Jehová, y me gozaré en el Dios de mi salvación. Jehová el Señor es mi fortaleza, el cual hace mis pies como de ciervas, y en mis alturas me hace andar."* (Habacuc 3:17-19)

Cuide su fe y la Palabra que la produce para que alcance las promesas de Dios en Su vida. *"La fe es por el oír, y oír, por la Palabra de Dios."* (Romanos 10:17)

Printed by Books on Demand GmbH, Norderstedt / Germany